LOGIQUE
RECS

THE

ODYSSEY

OF

HOMER

LÉGENDES GRECQUES

Textes tirés des récits de
Gustav Schwab

Essai et introductions des chapitres de
Michael Siebler

Illustrations de
Clifford Harper

TASCHEN

—INTRODUCTION—

LES LÉGENDES

LES LÉGENDES DE TROIE

ULYSSE

—ANNEXES—

Dieux et héros de l'Antiquité grecque

Michael Siebler

Les plus célèbres légendes des Grecs et des Romains sont encore omniprésentes aujourd'hui. Nous retrouvons partout, souvent sans nous en rendre compte, leurs actes et leurs protagonistes – dans notre langue, notre quotidien et notre culture.

On pourra par exemple évoquer le cheval de Troie, qui a donné son nom à un virus informatique ; ou bien le voyage d'Ulysse devenu synonyme de voyages d'errance ; le talon d'Achille qui désigne un unique point vulnérable ; ou encore un travail d'Hercule, que l'on ne peut mener à bien qu'à grand-peine, ou le concept de complexe d'Œdipe introduit par Freud dans la psychanalyse. Même des constellations comme Cassiopée ou Persée ou des films, comme *2001, l'Odyssée de l'espace* de Stanley Kubrick, maintiennent éveillés les noms des personnages antiques.

Qu'y a-t-il donc de si particulier dans ces héros et leurs histoires qui remontent à des époques révolues depuis longtemps ? Qu'est-ce qui anime encore aujourd'hui l'imagination des écrivains, des artistes, des compositeurs, des réalisateurs, des metteurs en scène de théâtre, des créateurs de dessins animés et des inventeurs de jeux informatiques ? Qu'est-ce qui maintient éveillé leur intérêt pour les mythes antiques à une époque qui, dominée par la raison et la technique, ne laisse en réalité presque aucune place au monde des contes et des mythes ? La réponse est simple : dans les mythes classiques, on ne traite rien de moins que tout ce qui constitue la nature humaine, l'existence, la société et sa culture – le plus souvent encore projeté sur les dieux auxquels, on le sait, rien de ce qui était humain n'était étranger.

À gauche : Alfred Renz
Œdipe et le Sphinx, illustration de couverture, 1925

Ci-contre : Oscar Woite
Illustration pour la couverture de la 15e édition de l'anthologie écrite par Schwab, 1883

Ainsi ces légendes offrent-elles des thèmes universels, tout le vocabulaire que nous connaissons en termes de sentiments, de qualités humaines et de dramaturgie de la vie dans toutes ses facettes, et avec des possibilités de résoudre des conflits. À savoir la vie et la mort, l'amour et la haine, la douleur, la bravoure, le bonheur, l'hubris, la vengeance, la jalousie, la tromperie, l'humanité, la grâce, la crainte de Dieu, la cruauté, la ruse, l'amour du prochain, la responsabilité et beaucoup d'autres choses encore. L'attrait qu'exercent les mythes antiques, et qui les rend littéralement immortels, repose donc avant tout – en dépit de ce que nous appelons « progrès » – sur le fait que les expériences fondamentales de l'être humain sont restées aujourd'hui les mêmes qu'hier et que les mythes sont capables de les exprimer avec force par les mots et les images.

Le recueil de mythes de Gustav Schwab

C'est notamment grâce à un pasteur, professeur de lycée et écrivain souabe que les épisodes et aventures légendaires du passé mythique reviennent constamment animer, depuis des générations, la curiosité et l'imagination de nombreux lecteurs. Sans les *Schönste Sagen des klassischen Altertums* (Les plus belles légendes de l'Antiquité classique) rédigées par Gustav Schwab (1792–1850, p. 9), dont la première édition en trois volumes a paru entre 1838 et 1840, le monde des dieux et des héros antiques ne serait pas resté jusqu'à ce jour tangible, au sens le plus littéral du mot (ci-dessus). Il l'a ainsi préservé d'un oubli progressif. Peu après leur parution, ces recueils entamaient déjà la marche triomphale qui a déterminé et marque jusqu'à nos jours, si profondément et si durablement, notre connaissance et notre

Page 6 : Artuš Scheiner
Ulysse et ses compagnons se mettent à couvert dans la grotte de Polyphème, 1920

À droite : Christian Sigmund Pfann
Lithographie de Gustav Schwab, 1850
L'écrivain et professeur allemand a permis à un large public de découvrir la mythologie.

compréhension du monde des légendes antiques. Au fond, Schwab est en effet parvenu, avec ses récits, à présenter à ses lecteurs une version supposée définitive et complète des plus célèbres légendes de l'Antiquité classique.

Deux aspects ont sans doute contribué aux louanges et au grand succès que cette œuvre en trois volumes a recueillis peu après sa parution. D'une part, Schwab a ouvert à toutes les personnes intéressées et avides de connaissance un accès facile aux mythes antiques, dont la lecture supposait jusqu'alors une connaissance assez précise des langues anciennes et des sources écrites correspondantes dans l'histoire de la littérature antique. Schwab était persuadé que pour les jeunes, en particulier, l'hexamètre qui caractérise l'*Iliade* ou le niveau de langue fort élevé de la tragédie grecque ne devait pas entraver la compréhension et la lecture passionnante des légendes.

Le second aspect, non moins notable, était que Schwab avait formé et même créé un tout entièrement nouveau à partir de sources innombrables de textes très divers situés dans des poèmes antiques, des tragédies et des comédies classiques, des commentaires épars et récits ultérieurs remontant à l'Antiquité tardive, avec une foison de variantes, d'ajouts ainsi que de compléments et d'ornementations ultérieurs aux trames des mythes. L'importance et la valeur de sa compilation composée de lignées de traditions différentes et souvent disparates en un recueil unique de récits cohérents sont inestimables.

Le recueil de légendes de Schwab devint lui-même un classique et fut traduit en 17 langues. Il n'a jamais cessé depuis d'être réédité et revu, il a même été augmenté par d'autres auteurs après sa mort. Son effet a été durable et intense, non seulement

À gauche : Hendrick Goltzius
Le grand Hercule, gravure sur cuivre, 1589
Hercule présenté dans son costume typique, portant sa massue en bois, la peau du lion de Némée et la corne sectionnée d'Achéloos.

À droite : Arnold Böcklin
Ulysse et Polyphème, huile et détrempe sur panneau, 1896
Ulysse nargue Polyphème depuis son navire au moment où le géant, posté sur les Îles cyclopéennes, lance un rocher.

sur les jeunes, mais sur un public adulte et cultivé. On réalisa aussi des illustrations spéciales pour le recueil de légendes de Schwab. Alors qu'on se contenta de publier une illustration par tome pour la première édition en trois volumes, on confia de plus en plus souvent à des artistes, au cours des décennies suivantes, le soin de réaliser d'autres illustrations adaptées. La présente édition montre un choix abondant de ces œuvres.

Les héros antiques, précurseurs des superhéros

On trouve une forme particulière de la réception de l'héroïsme antique dans le genre de la BD de superhéros qui marque la culture pop du XXe siècle. Depuis la fin du XIXe siècle, les bandes dessinées n'étaient pas seulement populaires dans les journaux : elles se sont développées peu à peu pour devenir une forme de divertissement autonome. Aux États-Unis, on vit apparaître dans les années 1930 et 1940 un nouveau type de BD de superhéros, qui enthousiasmait les masses et fascine encore aujourd'hui un large public.

Le premier personnage de ce genre, et le plus connu, est Superman, qui est encore de nos jours l'icône et le prototype du superhéros. Le triomphe de Superman, un personnage mis au point au début des années 1930, débuta en 1938 après sa première apparition dans le magazine *Action Comics.* D'autres superhéros de BD connurent aussi la célébrité, par exemple Batman, chez DC Comics à partir de 1939, ou Spider-Man, chez Marvel Comics à partir de 1962. Trois années seulement après Superman, en 1941, parurent chez DC Comics les aventures de la première superhéroïne féminine : Wonder Woman. Amazone intrépide, Wonder Woman poursuit

depuis le mal dans d'innombrables BD, séries et films. À côté de ces différents personnages de superhéros, on conçut aussi des équipes de superhéros, comme les Avengers de Marvel Comics au début des années 1960, histoires dont les adaptations cinématographiques (*The Avengers*, 2012) remplissent encore aujourd'hui de nombreuses salles de cinéma.

Les qualités de caractère et les particularités iconographiques des superhéros rappellent clairement les héros de l'ancien monde des légendes ; comme leurs prédécesseurs antiques, ils ont du courage, de la combativité, un sens de la justice, des forces et des facultés physiques surhumaines (ils savent par exemple voler), qu'ils utilisent pour combattre le mal et les monstres qui menacent l'humanité. Et comme pour le héros antique Hercule, qui, dans toutes les illustrations qui le représentent, porte toujours la peau du lion de Némée, qu'il a tué, et que l'on peut ainsi identifier immédiatement (p. 10), Superman et d'autres superhéros utilisent toujours une tenue extraordinaire, facilement reconnaissable et qui comporte le plus souvent une cape.

Comme Achille, le héros presque invincible qui n'était vulnérable qu'en un seul emplacement de son corps – le « talon d'Achille », qui a reçu son nom –, Superman est lui aussi pratiquement invulnérable. Ses forces ne diminuent que lorsqu'il se retrouve à proximité d'un minéral fictif, la cryptonite.

Les mythes antiques dans l'art et la culture

Les mythes antiques n'ont pas seulement inspiré des écrivains, mais aussi des peintres, compositeurs, poètes, metteurs en scène et réalisateurs, ou d'autres types

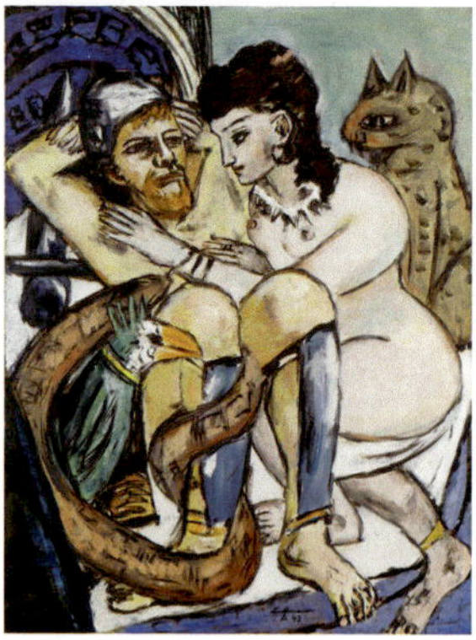

À gauche : Max Beckmann
Ulysse et Calypso, huile sur toile, 1943
Calypso offre l'éternité à Ulysse.

Ci-contre à gauche : Patten Wilson
Couverture de The Gorgon's Head*, un récit pour enfants de Nathaniel Hawthorne racontant l'histoire de Persée et la Méduse,* 1912

Ci-contre à droite : Milo Winter
Illustration de couverture avec Pandore et sa boîte pour A Wonder-Book *de Nathaniel Hawthorne,* 1913

de créateurs culturels. Reste à déterminer dans quelle mesure le recueil de légendes de Schwab a été le parrain de leurs œuvres, mais son influence n'a sûrement pas été mince. Dans le fonds inépuisable des adaptations, recréations, récits ou interprétations de ce type, on trouve entre autres des œuvres de la littérature mondiale comme *Ulysse*, le grand roman de James Joyce (1882–1941), dont la conception s'est appuyée sur l'histoire d'Ulysse et de son retour, ou le récit de critique sociale *Cassandre* de Christa Wolf (1929–2011), paru en 1983 simultanément dans l'ancienne RDA et en Allemagne fédérale ; parmi les romans de divertissement, entre autres, le roman *Troie ou la trahison des dieux* de l'auteure de fantasy américaine Marion Zimmer Bradley (1930–1999), dans lequel la guerre de Troie est racontée du point de vue de la fille de Priam, Cassandre.

Les mythes grecs et romains ont offert des modèles bienvenus à de nombreux sculpteurs et peintres de différentes périodes stylistiques. Dans le fonds surabondant de cette réception de l'Antiquité qui a traversé les siècles, citons ici, à titre d'exemple, quelques œuvres qui, outre la thématique, illustrent de manière fort impressionnante le style des différentes époques, mais aussi l'interprétation individuelle du thème en question : la galerie des héros du recueil *Homère dessiné d'après les Antiques* de Johann Heinrich Wilhelm Tischbein (1751–1829), dont les modèles étaient des sculptures antiques connues ; *Les Adieux d'Hector et Andromaque* d'Angelika Kauffmann (1741–1807), *Jason et la Toison d'or* du sculpteur Bertel Thorvaldsen (1770–1844), *Le Cheval de Troie* de Lovis Corinth (1858–1925), *Ulysse et Calypso* (ci-dessus) de Max Beckmann (1884–1950), *Pan dans les roseaux* et *Ulysse et Polyphème* (p. 11) d'Arnold Böcklin (1827–1901) ou *La*

Minotauromachie, sans doute l'œuvre graphique la plus importante de Pablo Picasso (1881–1973).

La mythologie joue aussi un rôle dans le domaine de l'illustration de livres. La présente édition des légendes grecques unit de célèbres artistes et œuvres de « l'âge d'or de l'illustration » qui connut son apogée à la fin du XIXe et au début du XXe siècle. Avec la progression des possibilités techniques dans l'impression de livres et de revues, le nombre d'imprimés pourvus d'illustrations n'a cessé de croître. Dans le domaine anglo-américain en particulier, les artistes ont été de plus en plus nombreux – inspirés par des courants comme les préraphaélites, le mouvement Arts and Crafts ou l'Art nouveau – à créer des illustrations de livres qui n'ont rien perdu, jusqu'à ce jour, de leur expressivité et de leur élégance. Parmi ces artistes, dont les œuvres représentant les mythes grecs figurent aussi dans le présent volume, on trouvait : Charles Edmund Brock (1870–1938), John Flaxman (1755–1826), William Russell Flint (1880–1969), Clément Gontier (1876–1918) et Newell Convers Wyeth (1882–1945), ainsi que des femmes artistes comme Virginia Frances Sterrett (1900–1931) – pour ne citer que certains des illustrateurs réunis dans cette publication.

Ils n'ont pas seulement illustré des classiques de la littérature mondiale, comme Shakespeare, Robert Louis Stevenson, Oscar Wilde, Charles Dickens, Lewis Carroll et Nathaniel Hawthorne (ci-dessus), mais se sont aussi consacrés aux trames mythologiques et ont représenté des personnages et des scènes centraux des légendes grecques, comme Ulysse en mendiant (p. 157). Toutes ces illustrations soulignent le rayonnement encore vif aujourd'hui du recueil de légendes grecques de Gustav Schwab.

LES LÉGENDES

Gustav Schwab

LES LÉGENDES DE TROIE

PRIAM, HÉCUBE ET PÂRIS

Le cycle de légendes le plus célèbre de l'Antiquité grecque : les histoires qui concernent Troie racontent tout ce que peuvent réserver les destins des hommes, et ce à quoi se laissent entraîner des dieux qui présentent des traits trop humains. Au commencement se trouve le célèbre jugement de Pâris. À l'issue d'un concours de beauté entre Héra, Athéna et Aphrodite, le fils de roi, venu de Troie, désigne Aphrodite, qui lui promet la plus belle femme du monde.

Illustration de Charles Edmund Brock

Nous avons déjà raconté la suite du destin du roi Laomédon et de sa fille Hésione. C'est son fils Priam qui lui succéda sur le trône. Celui-ci se maria en deuxièmes noces avec Hécube, la fille du roi phrygien Dymas. Son premier fils était Hector. Mais lorsque la naissance de son deuxième enfant approcha, Hécube, par une nuit noire, vit apparaître en rêve un visage d'épouvante. Il lui sembla qu'elle mettait au monde une torche qui enflammait et réduisait en flammes toute la ville de Troie. Sous le choc, elle raconta ce rêve à son époux, Priam. Celui-ci fit venir son fils de premières noces, dont le nom était Ésaque : c'était un devin, et il avait appris auprès de son grand-père maternel, Mérops, l'art d'interpréter les rêves. Ésaque expliqua que sa marâtre, Hécube, allait mettre au monde un fils qui provoquerait inéluctablement la perte de sa ville natale. Il conseilla donc d'abandonner l'enfant qu'elle attendait. La reine accoucha effectivement d'un fils, et son amour de la patrie l'emporta sur la fibre maternelle. Elle autorisa son époux Priam à donner son nouveau-né à un esclave qui serait chargé de porter l'enfant sur le mont Ida et de l'y abandonner. Le valet s'appelait Agélaus. Celui-ci fit comme on le lui avait ordonné ; mais une ourse offrit sa poitrine au nourrisson, et au bout de cinq jours, l'esclave trouva l'enfant allongé dans la forêt, en bonne santé et allègre. Il le souleva, le prit avec lui, l'éleva comme si c'était le sien sur son petit lopin de terre et donna au garçonnet le nom de Pâris.

Lorsque le fils du roi, ayant grandi parmi les bergers, fut devenu un jeune homme, il se distingua par sa force physique et sa beauté et devint pour tous les pâtres du mont Ida une protection contre les voleurs ; c'est la raison pour laquelle ceux-ci ne l'appelaient qu'Alexandre, ce qui signifie « protège les hommes ».

Il arriva un jour, alors qu'il parcourait la vallée très sinueuse et ténébreuse qui se creusait dans les gorges du mont Ida, entre les sapins et les rouvres, loin de ses troupeaux qui ne trouvaient pas l'accès à cette solitude, tandis qu'il était adossé à un arbre, les bras croisés, et regardait vers le bas, à travers une faille dans la montagne qui ouvrait la vue sur les palais de Troie et la mer lointaine, il arriva, donc, qu'il entendît le pas d'un dieu qui faisait trembler la terre tout autour de lui. Avant qu'il n'ait pu s'en rendre compte se tint devant lui, porté moitié par ses ailes, moitié par

C.E. BROCK

Alors, l'éclat de l'espoir et de sa beauté fit pâlir à ses yeux le charme des autres déesses.

ses pieds, Hermès, le messager des dieux, avec dans ses mains le bâton en or du héraut. Mais celui-ci n'était lui aussi que l'annonciateur d'un nouveau phénomène divin ; car trois femmes célestes, déesses de l'Olympe, arrivèrent d'un pied léger sur l'herbe tendre, qui n'avait jamais été fauchée ni exploitée, si bien qu'un frisson sacré parcourut le jeune homme et que les cheveux de son front se dressèrent. Le messager ailé des dieux lui cria cependant : « Départis-toi de toute peur ; les déesses viennent vers toi pour que tu sois leur arbitre. Elles t'ont choisi pour décider laquelle des trois est la plus belle. Zeus t'ordonne de remplir cette fonction de juge ; il ne te refusera pas sa protection et son assistance ! » Ainsi parla Hermès avant de s'élever à tire-d'aile et de s'éloigner par la vallée étroite puis d'échapper, dans son vol, aux yeux du fils de roi. Ses mots avaient donné du courage au berger simplet ; il osa lever son regard timide et toiser les créatures divines qui, dans leur grandeur et leur beauté surréelle, se tenaient devant lui et attendaient sa sentence. Sa première vision sembla lui dire qu'elles méritaient tout autant les unes comme les autres d'emporter le prix de beauté ; pourtant, au second regard, tantôt telle déesse lui plaisait plus, tantôt l'autre, selon qu'il s'était attardé plus longtemps sur l'une ou l'autre des sublimes silhouettes. Mais peu à peu, l'une d'elle, la plus jeune et la plus tendre, lui parut plus gracieuse et plus aimable que les autres et il eut l'impression que, sortant de ses yeux, un réseau de rayons amoureux s'étalait de son regard et de son front. Pendant ce temps-là, la plus fière des trois femmes, qui dépassait les deux autres par la stature et la majesté, lança au jeune homme : « Je suis Héra, la sœur et l'épouse de Zeus. Si tu m'attribues cette pomme d'or qu'Éris, déesse de la discorde, a jetée parmi les invités au banquet des noces de Thétis et de Pélée, et qui porte l'inscription 'À la plus belle', tu ne manqueras pas de régner sur le plus beau royaume de la Terre, même si tu n'es pour l'heure qu'un berger chassé du palais du roi. » « Je suis Pallas, déesse de la Sagesse », dit l'autre, le front pur et bombé, les yeux bleu foncé, son beau visage exprimant une gravité virginale : « Si tu me reconnais la victoire, tu récolteras la plus haute gloire de la sagesse et de la vertu masculine d'entre tous les hommes ! » Alors, la troisième, qui avait jusqu'alors uniquement parlé avec les yeux, lui décocha un regard encore plus pénétrant et un suave sourire avant de dire : « Pâris, tu ne vas quand même pas te laisser étourdir par la promesse de cadeaux qui sont, les uns comme les autres, chargés de danger, et dont le succès est incertain ! Je vais te faire un don qui ne devrait nullement te causer de déplaisir ; je vais t'offrir ce qu'il te suffit d'aimer pour t'en réjouir : je guiderai vers tes bras la plus belle femme de la Terre pour te servir d'épouse ! Je suis Aphrodite, la déesse de l'Amour ! »

Lorsque Vénus fit cette promesse au berger Pâris, elle se tenait devant lui ornée de sa ceinture, qui lui donnait le plus grand charme et la plus grande grâce. Alors, l'éclat de l'espoir et de sa beauté fit pâlir à ses yeux le charme des autres déesses, et, comme enivré, il remit à la déesse de l'amour le joyau en or qu'il avait reçu de la main de Héra. Héra et Athéna lui tournèrent le dos, furieuses, jurèrent de faire payer cette offense à leur silhouette en se vengeant sur lui, son père Priam, le peuple ainsi que le royaume des Troyens, et de les faire tous périr ensemble. Héra, en particulier, devint dès cet instant l'inconciliable ennemie des Troyens. Mais Vénus prit congé du berger ravi en le saluant gracieusement, après avoir répété solennellement sa promesse et l'avoir confirmée en prêtant le serment divin.

ELLE SE TENAIT DEVANT LUI ORNÉE DE SA CEINTURE, QUI LUI DONNAIT LE PLUS GRAND CHARME ET LA PLUS GRANDE GRÂCE.

Pâris vécut un certain temps sur son espoir, berger anonyme sur les hauteur de l'Ida. Mais comme les désirs que la déesse avait éveillés en lui n'étaient pas exaucés, il s'y maria avec une belle vierge répondant au nom d'Œnone, qui passait pour la fille d'un dieu du fleuve et d'une nymphe et avec laquelle il vécut des jours heureux auprès de ses troupeaux, dans la discrétion du mont Ida. Enfin, les jeux funèbres que le roi Priam faisait donner pour un parent défunt l'attirèrent à la ville, où il n'avait encore jamais mis les pieds. Lors de cette fête, Priam avait en effet mis en jeu, comme prix d'un combat, un taureau qu'il envoya chercher dans ses troupeaux, auprès des pâtres de l'Ida. Il se trouva que ce taureau-là était justement le préféré de Pâris et comme il ne pouvait le refuser à son maître, le roi, il décida de s'engager au moins dans le combat dont il était l'enjeu. Il l'emporta à la lutte sur tous ses frères, y compris sur le haut Hector, qui était le plus courageux et le plus splendide d'entre eux. Un autre fils courageux du roi Priam, Déiphobe, submergé par la colère et la honte que lui inspirait sa défaite, voulut abattre le jeune berger. Mais celui-ci se réfugia près de l'autel de Zeus, et la fille de Priam, Cassandre, qui avait reçu en présent des dieux le don de divination, reconnut en lui son frère abandonné. Alors, ses parents le serrèrent dans leurs bras, la joie des retrouvailles leur fit oublier la funeste prédiction prononcée à la naissance, et ils l'accueillirent comme leur fils.

Dans un premier temps, Pâris revint auprès de son épouse et de ses troupeaux en recevant, sur le mont Ida, un luxueux logement de fils de roi. Mais bientôt se présenta à lui l'occasion de vaquer à des affaires plus royales, et il alla, sans le savoir, vers le prix que lui avait promis son amie, la déesse Aphrodite.

LES LÉGENDES DE TROIE

L'ENLÈVEMENT D'HÉLÈNE

Quand l'enlèvement d'une femme déclenche une guerre : alors que Pâris est l'hôte du roi de Sparte, Ménélas, il rencontre Hélène, l'épouse du souverain. Il est tellement séduit par sa beauté qu'il enlève en un tournemain la reine sur son bateau – Pâris ne la laisse pas non plus indifférente – et repart pour Troie. Ce monstrueux abus de l'hospitalité sera le prétexte de la grande croisade des Grecs devant les murs de Troie.

Illustrations de Clément Gontier et Henry Justice Ford

Priam fit alors armer des navires qui avaient été assemblés sur le mont Ida et envoya son fils Hector dans le pays des Phrygiens, mais Pâris et Déiphobe dans la Péonie voisine, pour regrouper des peuples alliés ; les hommes de Troie capables de porter les armes se préparèrent eux aussi à la guerre, et c'est ainsi qu'une gigantesque armée se rassembla bientôt. Le roi la mit sous les ordres de son fils Pâris et lui adjoignit son frère Déiphobe, le fils de Panthée, Polydamas, et le prince Énée ; cette puissante armada prit la mer et mit le cap sur l'île grecque de Cythère, où les hommes pensaient débarquer en premier. En chemin, la flotte rencontra le navire du prince des nations grec et roi de Sparte Ménélas, qui se rendait à Pylos auprès du sage prince Nestor. Celui-ci s'étonna en apercevant le somptueux convoi de navires et les Troyens observèrent eux aussi avec curiosité le beau vaisseau grec qui pavoisait et semblait transporter l'un des premiers princes de la Grèce. Mais les deux parties ne se connaissaient pas ; chacun se demandait où l'autre pouvait bien vouloir se rendre, et ils se croisèrent ainsi en volant sur les vagues. La flotte troyenne arriva saine et sauve sur l'île de Cythère. De là, Pâris voulut se rendre à Troie et entrer en négociation avec les fils de Zeus, Castor et Pollux, pour recueillir la sœur de son père, Hésione. Si les héros grecs la lui refusaient, il avait reçu de son père l'ordre de faire voile avec la flotte de guerre en direction de Salami et d'enlever la princesse par la force.

Mais avant que Pâris n'entame cette légation à Sparte, il voulut faire un sacrifice dans un temple consacré conjointement à Aphrodite et à Artémis. Entre-temps les habitants de l'île avaient signalé l'apparition de la flotte magnifique à Sparte où, en l'absence du roi Ménélas, la princesse Hélène tenait cour toute seule. Celle-ci, fille de Zeus et de Léna, sœur de Castor et Pollux, était la plus belle femme de toute son époque ; dans sa prime jeunesse, elle avait déjà été enlevée par Thésée, mais ses frères la lui avaient reprise de force. Lorsque, devenue une jeune femme, elle s'épanouit auprès de son beau-père Tyndare, roi de Sparte, sa beauté attira toute une armée de prétendants et le roi craignit qu'en en choisissant un, il fasse de tous les autres ses ennemis. Ulysse d'Ithaque, le héros grec avisé, lui conseilla alors d'obliger tous les prétendants à jurer de défendre l'arme à la main l'époux choisi contre

Il enleva la belle Hélène qui, en résistant mais pas à contrecœur, le suivit en direction de l'île et de la flotte de Pâris.

quiconque voudrait s'en prendre au roi en raison du mariage de sa fille. Lorsque Tyndare l'eut entendu, il fit prêter serment aux prétendants et choisit lui-même Ménélas, prince d'Argos, fils d'Atrée et frère d'Agamemnon, lui offrit sa fille pour épouse et lui légua son royaume de Sparte. Hélène donna à son époux une fille, Hermione, qui était encore au berceau lorsque Pâris arriva en Grèce.

Lorsque la belle princesse Hélène qui, en l'absence de son époux, vivait dans son palais de tristes journées sans distraction, apprit l'arrivée du splendide équipage d'un fils de roi étranger sur l'île de Cythère, une curiosité féminine l'incita à aller voir qui étaient cet inconnu et son escorte guerrière ; pour pouvoir satisfaire cette exigence, elle organisa elle aussi un sacrifice solennel au temple d'Artémis à Cythère. Elle entra dans le sanctuaire au moment où Pâris venait d'accomplir son propre sacrifice. Lorsque ce dernier prit conscience de l'entrée de la princesse, ses mains, levées pour la prière, retombèrent et il resta coi, pensant revoir la déesse Aphrodite en personne, telle qu'elle lui était apparue dans sa ferme de berger. Sa réputation de beauté s'était certes depuis longtemps frayée un chemin jusqu'à lui et Pâris avait eu envie d'aller voir ses charmes à Sparte. Il avait toutefois estimé que la femme promise par la déesse était forcément beaucoup plus belle que ce qu'en disait la description d'Hélène. Et puis quand il avait à l'esprit la belle qu'on lui avait promise, il pensait à une vierge et pas à l'épouse d'un autre. Mais maintenant qu'il avait la princesse de Sparte devant lui et constatait que sa beauté n'avait rien à envier à celle de la déesse elle-même, il comprit tout à coup que seule cette femme pouvait être celle que lui avait assignée Aphrodite en récompense de son jugement. À cet instant, la mission que lui avait confiée son père, le but de l'armement du navire et du voyage, disparurent de son esprit ; il lui sembla que s'il n'avait été envoyé ici, avec ses milliers d'hommes en arme, c'était dans le seul but de conquérir Hélène. Tandis qu'il restait ainsi plongé dans sa beauté, la princesse Hélène contemplait elle aussi le beau fils de roi asiatique, avec sa longue chevelure, vêtu d'une tenue orientale à teinte d'or et de pourpre, et le faisait avec un plaisir non dissimulé ; l'image de son époux pâlit dans son esprit, et fut remplacée par la silhouette charmante de cet étranger juvénile.

Son art de la lyre, ses propos flatteurs et la vive ardeur de son amour enivrèrent le cœur laissé sans garde de la reine.

Hélène rentra pourtant dans son palais royal à Sparte, chercha à chasser de son cœur l'image du beau jeune homme et souhaita le retour de son époux Ménélas, toujours à Pylos. Au lieu de cela, c'est Pâris en personne qui se présenta à Sparte avec sa troupe et se fraya avec son ambassade un chemin jusque dans la salle du roi, bien que celui-ci eût été absent. L'épouse du prince Ménélas le reçut avec l'hospitalité qu'elle devait à l'étranger et avec les honneurs qu'elle devait au fils de roi. Son art de la lyre, ses propos flatteurs et la vive ardeur de son amour enivrèrent le cœur laissé sans garde de la reine. Quand Pâris vit que la fidélité de la jeune femme allait vaciller, il oublia la mission confiée par son père et son peuple et seule la promesse trompeuse de la déesse de l'amour demeura dans son âme. Il rassembla ses fidèles venus armés avec lui à Sparte et les incita, en leur faisant miroiter la perspective d'un abondant butin, à approuver le sacrilège qu'il songeait à commettre. Puis il prit le palais d'assaut, s'empara des trésors du prince grec et enleva la belle Hélène qui, en résistant mais pas totalement à contrecœur, le suivit en direction de l'île et de la flotte de Pâris.

Alors qu'il traversait la mer Égée avec sa charmante proie, un calme plat s'abattit soudain sur les vaisseaux qui filaient : devant le navire du roi, qui portait le voleur et la princesse, la vague s'ouvrit et le très ancien dieu de la Mer, Nérée, sortit des flots sa tête couronnée de roseaux, l'eau dégoulinant de ses cheveux et de sa barbe bouclés, et lança d'une voix puissante sa prédiction et sa malédiction au navire qui paraissait cloué dans l'eau, laquelle donnait l'impression qu'un mur d'airain s'était dressé autour de la coque de l'embarcation : « Des oiseaux de malheur te précèdent en battant des ailes, maudit voleur ! Les Grecs viendront avec la puissance de leur armée, conjurés pour détruire ton alliance sacrilège et l'ancien royaume de Priam. Malheur à moi, combien vois-je de chevaux au loin, et combien d'hommes ! Combien de cadavres vas-tu valoir au peuple dardanien ! Déjà Pallas prépare son casque, son bouclier et sa colère ! Ce combat sanglant durera des années, et seule la colère d'un héros retiendra la chute de ta ville. Mais quand le nombre d'années sera plein, l'incendie grec rongera les maisons de Troie ! »

Telle fut la prophétie du vieillard, qui replongea ensuite dans les flots. Pâris avait écouté avec effroi ; mais lorsque le vent se remit à souffler joyeusement et à entraîner les navires, il ne tarda pas à oublier la prédiction dans les bras de la princesse enlevée et ancra avec toute sa flotte devant l'île de Kranái, où l'épouse de Ménélas, infidèle et légère d'esprit, lui tendit, cette fois, volontairement la main. On y donna un festin solennel. Tous deux oublièrent alors pays natal et patrie, et passèrent beaucoup de temps dans la splendeur et les joies, en vivant sur les trésors qu'ils avaient rapportés. Des années s'écoulèrent avant qu'ils ne repartent pour Troie.

LES LÉGENDES DE TROIE

PÂRIS ET MÉNÉLAS

Une déesse sauve son préféré : le duel entre Pâris et Ménélas doit décider de l'issue de la guerre. Mais au moment où Ménélas met de plus en plus son adversaire honni au pied du mur, Aphrodite emporte Pâris, dans la brume, loin du champ de bataille. Elle l'installe, paré d'ornements, dans la chambre à coucher, puis y envoie aussitôt Hélène.

Illustration de Fortunino Matania

Des deux côtés, les cochers tiraient les brides des chevaux ; les héros sautèrent des chars de combat, ôtèrent leurs armes et les posèrent au sol, ennemis contre ennemis. Hector envoya en toute hâte deux hérauts à Troie pour sacrifier des agneaux et faire venir le roi Priam ; le roi Agamemnon mandata lui aussi le héraut Talthybios pour aller chercher un agneau sur les navires. Mais Iris, la messagère des dieux, ayant pris la forme de Laodicée, la fille de Priam, se dépêcha d'aller dans la ville porter le message à la princesse Hélène. Elle était en train de créer au métier à tisser une précieuse tenue représentant les combats des Troyens et des Grecs et n'avait d'yeux que pour son travail. « Viens donc à l'extérieur, ma proche enfant », lui lança-t-elle. « Il faut que tu voies quelque chose d'étrange ! Les Troyens et les Grecs qui, il y a peu, avançaient encore pleins de fureur vers le champ de bataille, se font face dans le calme et le silence, adossés à leurs boucliers, les javelots plantés dans le sol ; mais la guerre est terminée. Seul tes époux, Pâris et Ménélas, vont se battre pour toi à la lance ; et celui qui vaincra son adversaire t'emportera en épouse ! »

Ainsi parla la déesse, emplissant le cœur d'Hélène de nostalgie pour son époux de jeunesse, Ménélas, pour sa terre natale et ses amis. Elle s'enveloppa rapidement d'un voile blanc argenté sous lequel elle dissimula la larme qui lui pendait aux cils et, suivie par deux de ses servantes, Éthra et Clymène, rejoignit les portes Scées. Le roi Priam y était assis avec les plus anciens et les plus intelligents vieillards du peuple troyen ; les deux derniers étaient les hommes les plus sages de Troie ; eux tous, dans leur grand âge, se reposaient certes de la guerre, mais à l'assemblée du conseil c'était leur parole qui était la plus fiable. Lorsque ceux-ci virent Hélène approcher, depuis la hauteur de la tour, les vieillards, admirant la silhouette de la princesse, se chuchotèrent : « En vérité, nul ne doit blâmer les Troyens et les Grecs d'être si longtemps restés dans la misère pour une telle femme. Sa splendeur en fait l'égale d'une déesse immortelle ! Toutefois, si belle soit-elle, qu'elle rentre chez elle sur les navires des Danéens, afin que nous n'en ayons pas à subir les conséquences, nous et nos fils ! » Mais Priam lança à Hélène, avec amour : « Approche donc, ma petite fille, assieds-toi près de moi, je vais te faire voir ton premier époux, tes amis et tes parents ; tu n'as pas de faute à mon égard pour cette lamentable guerre ; ce sont les dieux qui me l'ont envoyée. Donne-moi le nom de cet homme puissant qui resplendit, si grand et si majestueux, au-dessus de tous les Danéens ; ici et là, des hommes encore plus grands le dépassent certes encore au sein de l'armée, mais je n'en ai encore jamais vu aucun parmi eux d'allure aussi royale. »

Hélène répondit respectueusement au roi : « Cher beau-père, le respect et la crainte m'animent quand je m'approche de toi. J'aurais préféré subir la mort la plus amère que de suivre ton fils ici en abandonnant ma patrie, ma fille et mes amis. J'aimerais me dissoudre dans les larmes pour ce qui s'est passé ! Mais écoute-moi, celui-ci, là-bas, sur lequel tu m'interroges, c'est Agamemnon, le plus insigne des rois et un guerrier courageux ; il a été, ah ! il a jadis été mon beau-frère ! » « Heureux Atride ! » s'exclama Priam en contemplant le héros, « béni celui au sceptre duquel obéissent d'innombrables Grecs ! Moi aussi, dans ma jeunesse virile, j'ai été à la tête d'une grande armée, lorsque nous avons repoussé de Phrygie la horde des Amazones ; et pourtant, mon armée n'était pas aussi grande que la tienne ! » Puis le vieil homme demanda à nouveau : « À présent, donne-moi aussi le nom de celui-ci, petite fille : il ne se dresse pas aussi haut que l'Atride, mais sa poitrine est plus large, ses épaules plus puissantes ; son arme est couchée sur le sol, et lui-même tourne autour des rangs de ses hommes comme un bélier autour des moutons. » « C'est le fils de Laërte », répondit Hélène, « le rusé Ulysse ; Ithaque, l'île rocheuse, est sa patrie. » À ce moment, le vieil Anthénor intervint lui aussi dans la conversation : « Tu as raison, princesse, dit-il, je les connais bien, lui et Ménélas ; jadis, ils sont venus en légats et je les ai hébergés chez moi. Debout, Ménélas dépassait le héros Ulysse par sa stature ; mais lorsqu'ils étaient assis tous les deux, Ulysse était le plus magnifique. Par ailleurs, Ménélas parlait peu, ses mots étaient riches de contenu et il les lançait d'une voix forte. Mais Ulysse, quand il voulait parler, se tenait les yeux fixés vers le sol, son bâton immobile à la main, et ressemblait à un homme plongé dans la confusion – on ne savait pas s'il était perfide ou idiot. Mais une fois qu'il avait fait sortir sa voix puissante de sa poitrine, ses mots se pressaient comme flocons de neige en hiver, et aucun mortel ne pouvait se mesurer à lui quant à l'éloquence. »

Priam, pendant ce temps-là, avait continué son observation. « Et qui est donc ce géant, là-bas, s'exclama-t-il, qui, grand et fort, dépasse le peuple tout entier ? » « C'est le héros Ajax », répondit Hélène, « le pilier des gens d'Argos ; et plus loin, de l'autre côté, se tient Idoménée, comme un dieu parmi ses Crétois. Je le connais bien ; Ménélas l'a souvent hébergé dans notre logis. Et, tiens, je les reconnais à présent les uns après les autres, les guerriers de ma patrie ; si nous en avions le loisir, je te les désignerais tous par leur nom ! Les seuls que je ne vois pas, ce sont mes frères naturels, Castor et Pollux. Ne sont-ils pas venus avec les autres ? Ou bien ont-ils peur de se présenter à la bataille parce qu'ils ont honte de leur sœur ? » À cette idée, Hélène se tut ; elle ignorait que ses frères avaient depuis longtemps disparu de la Terre.

Tandis que ceux-ci s'entretenaient ainsi, les héros portaient à travers la ville le sacrifice de l'alliance, composé de deux agneaux et, en guise de libation, de vin du cru versé dans une outre en cuir de bouc. Le héraut Idaios suivait quant à lui avec une cruche étincelante et des gobelets en or. Quand ils franchirent les portes Scées, le roi Priam se rapprocha et lui dis : « Mets-toi en marche, roi ; les princes des Troyens et des Grecs t'appellent tous deux en bas, dans la campagne, pour que tu y prêtes serment sur un traité sacré. Ton fils Pâris et Ménélas combattront, seuls, au javelot, pour cette femme. Celui qui l'emportera, elle le suivra avec les trésors. Ensuite, les Danéens repartiront en Grèce à bord de leur navire. » Le roi en resta interdit, mais ordonna à ses compagnons d'atteler les chevaux et Anténor monta avec lui sur le char. Priam prit les rênes et bientôt le char fila par la porte Scées vers le champ en question. Arrivé entre les deux peuples, le roi quitta le char avec son accompagnateur et se plaça au milieu. Agamemnon et Ulysse sortirent alors de l'armée grecque et accoururent. Les hérauts apportèrent le sacrifice d'alliance, mélangèrent le vin dans la cruche et aspergèrent les deux rois d'eau consacrée. Puis l'Atride sortit le couteau de sacrifice qui pendait toujours à côté du grand fourreau de son épée et, comme il est d'usage avant l'offrande, coupa la laine sur le front des agneaux et appela le père des dieux en témoin de l'alliance. Puis il trancha la gorge des agneaux et posa les animaux sacrifiés dans la poussière ; les hérauts versèrent en priant le vin dans les gobelets d'or et tout le peuple de Grèce et de Troie implora

« Donne-moi le nom de cet homme puissant
qui resplendit, si grand et si majestueux,
au-dessus de tous les Danéens. »

alors à voix haute : « Zeus et vous, tous les dieux immortels ! Qu'au premier d'entre nous qui brisera le serment, le cerveau, le leur et celui de leurs enfants, coule au sol comme ce vin. »

Mais Priam prit la parole : « À présent, Troyens et Grecs, laissez-moi revenir dans le haut château d'Ilion : car je ne puis voir de mes propres yeux mon fils se battre ici pour la vie et pour la mort avec le prince Ménélas. Zeus seul sait lequel des deux est voué à périr ! » Ainsi parla le vieillard avant de faire déposer les agneaux du sacrifice dans le char, de s'y installer avec son accompagnateur et de diriger les chevaux vers la ville de Troie.

Sur ce, Hector et Ulysse arpentèrent le terrain destiné au combat et secouèrent deux bulletins dans un casque de bronze pour que le sort désigne lequel des deux pourrait jeter le premier sa lance sur son adversaire. Hector, de dos, abaissa le casque, et c'est le bulletin de Pâris qui en sortit. Alors, les deux héros s'armèrent et, en cuirasse et casqués, tenant à la main les lances puissances, ils déambulèrent en lançant des regards menaçants parmi les Troyens et les Grecs, observés par les deux peuples avec étonnement. Enfin, ils se firent face dans l'espace de combat et brandirent leur javelot, la mine colérique. Désigné par le sort, c'est Pâris qui, le premier, lança le sien ; il toucha le bouclier de Ménélas, mais la pointe se courba contre le métal et retomba. Alors, Ménélas leva lui aussi son javelot en priant à voix haute : « Zeus, permets-moi de punir celui qui, le premier, m'a offensé ; que même parmi les lointains descendants, on ait encore peur à l'idée de faire du mal à l'ami invité ! » Le javelot qu'il lança pulvérisa le bouclier de Pâris, traversa le harnais et transperça le pectoral à la hauteur du flanc ; l'Atride sortit son épée du fourreau et donna un coup sur le casque de son adversaire. Mais la lame se brisa en tintant contre lui. « Zeus, ô cruel, que me refuses-tu la victoire ? » s'exclama Ménélas en se précipitant vers l'ennemi, il le prit par le casque et, en se retournant, le tira vers la ligne de combat grecque ; il l'aurait traîné et la courroie qui se serrait sur la gorge de Pâris l'aurait étranglé si la déesse Aphrodite n'avait pas vu l'urgence où il se trouvait et n'avait pas défait la sangle. Ménélas se retrouva ainsi avec le casque vide dans la main ; le héros le lança sur le Grec et voulut de nouveau s'en prendre à son adversaire. Mais

Aphrodite l'avait enveloppé d'un brouillard protecteur et, d'un seul coup, l'avait conduit à Troie. Elle l'y déposa dans un logis aux suaves parfums, puis se présenta sous les traits d'une vieille tisseuse sparte à Hélène, assise dans l'une des tours au milieu de nombreuses femmes troyennes. La déesse la tira par son habit et lui dit : « Viens, Pâris t'appelle, il se trouve dans la chambre, vêtu d'une ravissante toge de fête ; tu jurerais qu'il va danser, et non qu'il revient d'un duel. » Lorsque Hélène leva les yeux, elle vit disparaître Aphrodite et son charme divin. Sans se faire voir des femmes, elle s'en alla discrètement et rejoignit son palais à grands pas. Elle y trouva, dans la pièce haute, son époux orné par Aphrodite et installé dans un fauteuil. Elle s'assit en face de lui, détourna les yeux et tança son époux : « Tu reviens donc du combat ? Je préférerais te voir tué par l'homme puissant qui fut mon premier époux ! Il y a peu de temps encore, tu te vantais de le vaincre au lancer de javelot et au corps-à-corps ! Va donc et défie-le de nouveau. Ou plutôt, non, je te conseille de rester au calme, la deuxième fois il pourrait te jouer un plus mauvais tour ! » « Ne me blesse pas le cœur avec tes moqueries, femme », lui répondit Pâris ; « si Ménélas m'a vaincu, c'est avec l'aide d'Athéna. Une autre fois, c'est moi qui l'emporterai ; les dieux ne nous ont pas encore oubliés, nous non plus. » Aphrodite changea alors le cœur d'Hélène de telle sorte qu'elle regarde son époux plus aimablement et que, réconciliée, elle lui tende les lèvres pour un baiser.

Sur le terrain de combat, Ménélas continuait à arpenter l'armée avec la fureur d'un fauve pour y trouver Pâris, qui avait disparu. Mais aucun Troyen ni aucun Grec ne put lui montrer le prince, alors qu'ils ne le lui auraient sûrement pas dissimulé, car aux uns comme aux autres il répugnait autant que la mort. Enfin, Agamemnon leva la voix et parla : « Écoutez ma parole, vous, Dardaniens et Grecs ! Ménélas est le vainqueur évident. Alors, rendez-nous à présent Hélène et le trésor, et payez un tribut pour tout l'avenir ! » Les hommes d'Argos accueillirent cette proposition dans la liesse, les Troyens se turent.

LES LÉGENDES DE TROIE

HECTOR À TROIE

Adieux à la famille aimée :
Hector, chef de guerre des Troyens et fils du roi Priam, rejette la demande de sa femme, qui souhaite qu'il n'aille pas au combat. Devinant sans doute qu'il ne les reverra ni l'un, ni l'autre, le héros fait au cours d'une scène touchante ses adieux à Andromaque et à son jeune fils Astyanax.

Illustration de Clément Gontier

Entre-temps, Hector était arrivé dans le palais de Pâris, qui se situait en haut de la citadelle, à proximité du palais royal et du logis d'Hector ; car les deux princes avaient des maisons séparées du logement royal. Il portait, de la main droite, son javelot, qui mesurait onze coudes de long et dont la pointe d'airain était fixée au montant par un anneau d'or. Il trouva son frère dans ses quartiers, occupé à examiner ses armes et à lustrer la corne de l'arc ; son épouse, Hélène, accomplissait avec zèle son labeur quotidien parmi les femmes. Lorsque Hector vit Pâris, il le blâma et cria : « Tu as tort de rester assis ici sans courage, frère ; c'est pour toi qu'à l'heure actuelle le peuple, dans la mêlée, se bat devant la ville ! Mais toi, tu chercherais querelle à qui tu aurais vu venir calmement pour un pourparler. Alors, lève-toi, avant que la ville ne soit livrée aux flammes des incendies déclenchés par nos ennemis, viens la défendre avec nous ! » Pâris lui répondit : « Tu n'as pas tort de me blâmer, frère, ce n'est cependant pas le manque de courage, mais le chagrin qui m'a poussé à rester assis et inactif. Mon épouse vient de me convaincre aimablement d'aller dans la bataille ; attends donc que j'aie passé ma cuirasse, ou va-t'en : j'espère te suivre bientôt. » Sur ce, Hector se tut, mais Hélène lui parla avec les mots de la honte : « Ô beau-frère, je suis une femme vile et qui apporte le malheur ! Si seulement la vague de la mer m'avait engloutie avant que Pâris ne débarque ici ! Mais maintenant que le mal a été fait : si du moins j'étais la compagne d'un homme meilleur, qui ressente l'infamie et les nombreux reproches qu'il s'attire ; mais il n'a pas de cœur, il n'en aura pas et le fruit de sa lâcheté ne manquera pas. Mais toi, Hector, entre donc et repose-toi du labeur qui pèse sur tes épaules à cause de moi, la femme scandaleuse, et de l'acte scélérat commis par mon époux ! » « Non, Hélène », répondit Hector, « ne m'invite pas si aimablement à m'asseoir, en vérité, je n'en ai pas le droit : mon cœur me presse d'aller aider les Troyens. Toi, contente-toi d'encourager cet homme, qu'il se hâte de me rejoindre dans l'enceinte de la ville. Auparavant, je veux me rendre dans mon propre logis pour voir ma femme, mon jeune fils et mes serviteurs. » Ainsi parla Hector, avant de repartir à grands pas. Mais il ne trouva pas son épouse à la maison. « Lorsqu'elle a entendu dire que les Troyens étaient en détresse et que la victoire ne penchait pas du côté des Grecs », lui annonça la

Le père, souriant et silencieux, contempla l'enfant.

surveillante, « elle a quitté son logis, hors d'elle, pour monter sur une des tours de la cité, et la gardienne a dû lui porter l'enfant. »

Hector parcourut alors à grands pas les rues de Troie pour rejoindre son point de départ. Lorsqu'il eut atteint les portes Scées, son épouse, Andromaque, la radieuse fille du cilicien Éétion de Thèbes, marcha vers lui à grands pas ; la servante qui la suivait portait contre sa poitrine le petit garçon mineur Astyanax, beau comme un astre. Le père, souriant et silencieux, contempla l'enfant, mais Andromaque vint à son côté, en larmes, lui pressa tendrement la main et dit : « Homme effroyable ! Ton courage va certainement te tuer, et tu ne prends pitié ni de ton enfant qui balbutie ni de ta malheureuse femme dont tu vas bientôt faire une veuve. Si l'on me privait de toi, mieux vaudrait que je m'enfonce dans le sol. Ton père m'a tué Achille, ma mère a été abattue par l'arc d'Artémis, le Pélide a aussi tué mes sept frères ; sans toi, je n'ai aucune consolation, Hector : tu es pour moi père, mère et frère. Alors, aie pitié, reste ici, sur la tour ; ne fais pas de ton enfant un orphelin, de ta femme une veuve ! Dispose l'armée là-bas, près de la colline aux figuiers : le mur y est ouvert aux attaques, c'est là qu'il est le plus facile d'y monter, les guerriers les plus courageux, les deux Ajax, Idoménée, les Atrides et Diomède y ont déjà mené trois fois l'assaut, ou bien parce qu'un devin leur avait révélé l'emplacement, ou bien parce que leur propre cœur les y poussait ! »

« ALORS, AIE PITIÉ, RESTE ICI, SUR LA TOUR ; NE FAIS PAS DE TON ENFANT UN ORPHELIN, DE TA FEMME UNE VEUVE ! »

Hector répondit à son épouse avec amour : « Moi aussi, tout cela me chagrine, très aimée ; mais je ne pourrais qu'avoir honte devant les hommes et les femmes de Troie si je me contentais, comme un lâche, de regarder ici de loin. Mon propre courage ne me le permet pas non plus, il m'a toujours enseigné à me battre au premier rang. Il est vrai que mon cœur me le dit : le jour viendra où Troie, la sacrée, chutera

GONTIER

avec Priam et tout son peuple. Mais ni la souffrance des Troyens, ni celle de mes propres parents et de mes frères de sang, s'ils tombent alors sous l'épée des Grecs, ne m'atteindra autant le cœur que toi, toi qui pleures, si un Danéen t'emmène en servitude et que tu te retrouves ensuite à Argos, assise au métier à tisser ou pliant sous le poids du rude joug des porteurs d'eau, et qu'alors un homme, te regardant en larmes, s'exclame : 'C'était la femme d'Hector !' Referme le tumulus sur moi avant que je ne doive entendre parler de ton cri et de ton enlèvement ! » Ainsi parla-t-il, et il tendit les bras vers son petit garçon ; mais l'enfant se blottit en criant contre la poitrine de la nourrice, effrayé qu'il était par la tendresse de son père, angoissé par le casque d'airain et par la queue du cheval, qui battait effroyablement. Le père regarda l'enfant et la mère en souriant, ôta d'un geste vif le casque scintillant de sa tête, le posa par terre, embrassa son jeune fils aimé et le berça dans ses bras. Puis il implora le ciel : « Ô Zeus, ô vous, les dieux ! permettez à mon petit garçon de devenir comme moi, marchant en tête du peuple des Troyens ; faites-le devenir puissant à Troie et dominer la ville, et qu'un jour, le voyant revenir du combat chargé de butin, on dise : celui-là est encore bien plus brave que son père. Et que sa mère s'en réjouisse de tout cœur ! » Sur ces mots, il remit l'enfant aux bras de son épouse qui, souriante et en larmes, le serra contre sa poitrine. Mais Hector, empli d'une fervente mélancolie, la caressa de la main et dit : « Pauvre femme, ne porte pas trop mon deuil dans ton cœur, nul ne me tuera contre le destin ; mais aucun mortel n'a encore échappé à ce malheur. Lève-toi, va au fuseau et au métier à tisser, et donne des ordres à tes femmes ! C'est aux hommes de Troie de porter le poids de la guerre, et à moi plus qu'à tout autre ! » Lorsqu'il eut prononcé ces mots, Hector remit son casque et sortit. Andromaque marcha vers la maison en regardant derrière elle à plusieurs reprises et en pleurant de chaudes larmes. Lorsque les

> **« C'EST AUX HOMMES DE TROIE DE PORTER LE SOUCI DE LA GUERRE, ET À MOI PLUS QU'À TOUT AUTRE ! »**

servantes l'aperçurent dans la chambre, elle partagea avec toutes son chagrin et sa tristesse, et l'on porta le deuil d'Hector dans son propre palais alors qu'il était encore vivant.

Pâris non plus n'avait pas reculé ; paré d'armes de fer resplendissantes, il avançait à grands pas dans la ville, comme un cheval majestueux qui a rompu ses brides et court vers le bain d'eau courante. Il rejoignit son frère au moment où celui-ci venait de quitter son épouse Andromaque. « N'est-ce pas vrai », lui cria Pâris de loin, « je t'ai retenu par mon hésitation, toi, mon frère aîné, et je ne suis pas là au bon moment ! » Mais Hector lui répondit aimablement : « Mon cher, c'est peux dire que tu es un combattant courageux ; seulement tu aimes souvent à hésiter et à refuser et, vois-tu, cela m'offusque au plus profond de moi-même de devoir entendre des discours ignominieux à ton propos parmi le peuple troyen qui endure tant pour toi. Mais nous réglerons cela une autre fois, quand nous aurons chassé les Grecs de la cité des Troyens et que nous serons assis au palais autour de la cruche de la liberté ! »

LES LÉGENDES DE TROIE

ACHILLE RÉARMÉ

Visite chez le dieu de la forge :
pour combattre Hector, Achille a besoin de nouvelles armes que compte lui procurer sa mère, Thétis, déesse de la Mer. Elle se met aussitôt en chemin pour rejoindre Héphaïstos. Celui-ci forge le célèbre bouclier orné de nombreux motifs imagés ainsi qu'une cuirasse, un casque et des jambières. Thétis apporte les nouvelles armes le matin dans la tente de son fils Achille.

Illustrations de Clément Gontier et John Flaxman

Les deux armées se reposaient à présent de leur combat acharné ; les Troyens détachèrent leurs chevaux des chars de combat, mais avant même de songer au repas, ils rejoignirent en hâte l'assemblée. Ils s'y tenaient tous debout et en cercle, aucun n'osait s'asseoir, car ils tremblaient encore d'avoir vu Achille et craignaient sa réapparition. Enfin, le fils de Panthoos, l'intelligent Polydamas, qui seul savait regarder vers l'avant comme vers l'arrière, conseilla de ne pas attendre le matin, mais de rentrer aussitôt dans la ville. « Si Achille armé nous trouve encore ici demain », dit-il, « alors nous serons heureux de lui échapper en nous réfugiant dans la ville ; mais beaucoup serviront de pâture aux chiens et aux vautours. Puisse mon oreille ne jamais entendre cette nouvelle ! Mon conseil est donc de passer la nuit avec toute notre troupe sur la place du marché de la ville, là où de hauts murs et des portes solides nous protègent de toute part. Au petit matin, nous nous tiendrons de nouveau sur le mur ; et malheur à lui si, accouru des bateaux, il souhaite nous affronter pour leur conquête. »

Alors, Hector se leva à son tour et commença, avec un regard noir : « Ce que tu viens de dire ne me plaît nullement, Polydamas. À l'instant où Zeus m'a donné la victoire pour avoir refoulé les hommes d'Argos jusqu'à la mer, le peuple ne peut que trouver ton conseil stupide et aucun Troyen ne t'obéira. J'ordonne au contraire de distribuer la nourriture de la nuit à l'armée, groupe après groupe, et de ne pas oublier les gardes. Si quelqu'un se tourmente pour ses biens et son argent, qu'il épanche sa crainte lors du repas commun, mieux vaut que ce soit les nôtres, plutôt que les Grecs, qui s'en amusent. Puis, au matin, nous réitérerons l'assaut contre les navires ; si Achille a réellement ressuscité, il a choisi le plus mauvais destin ; car je n'abandonnerai pas cet affreux combat avant que l'honneur de la victoire ait couronné l'un de nous deux ! » Les Troyens n'écoutèrent pas les paroles salvatrices de Polydamas, applaudirent le funeste discours d'Hector et, affamés, se jetèrent sur leur repas.

Mais les Grecs passèrent toute la nuit à se lamenter sur la dépouille de Patrocle, et Achille fut le premier à entonner cette plainte tandis que ses mains assassines reposaient sur la poitrine de son ami. « Ô, quelle parole vaniteuse m'a échappé

Puis il se mit à forger, donnant d'abord forme au gigantesque et puissant bouclier à cinq couches, avec une poignée d'argent et un triple bord brillant.

jadis », disait-il, « quand, consolant au palais le vieux héros Ménétios, je lui ai promis de lui ramener son fils dans sa patrie, à Oponte, riche de gloire et de butin, une fois Troie détruite ! Mais notre destin à tous deux était de teindre de rouge la terre étrangère avec notre sang, car moi non plus, mon père grisonnant, Pélée, et ma mère Thétis ne me recevront plus jamais au palais, c'est ici, à Troie, que la terre me recouvrira. Mais puisque je dois m'enfoncer après toi dans le sol, Patrocle, je ne célébrerai pas tes funérailles avant de t'avoir apporté les armes et la tête de ton assassin, Hector ; je veux aussi te sacrifier, sur ton bûcher, douze des plus nobles fils de Troie. Avant que cela ne se produise, repose ici, près de mes navires, cher ami ! »

LORSQU'IL EUT ACHEVÉ LE BOUCLIER, IL FORGEA AUSSI LE HARNAIS ET LUI DONNA UN ÉCLAT PLUS VIF QUE CELUI DU FEU.

Sur ces mots, Achille ordonna à ses amis d'installer au-dessus du feu un grand trépied plein d'eau, puis de laver et d'oindre le corps du héros mort au combat. Ensuite, on le déposa sur de beaux lits et l'on déroula sur le mort, de la tête au pied, de la toile précieuse ainsi qu'un tapis chatoyant.

Pendant ce temps-là, Thétis se rendait dans l'impérissable palais étoilé et lumineux d'Héphaïstos, que l'artiste boiteux s'était lui-même construit avec de l'airain. Elle l'y trouva en nage, tout occupé à activer ses soufflets : il préparait une vingtaine de trépieds et fixait sur le fond de chacun d'eux des roues en or qui leur permettraient, sans être poussés par une main étrangère, de rouler devant les dieux dans les halls olympiens, puis de revenir dans leur lieu d'origine. C'étaient de véritables prodiges ; ils étaient terminés, mis à part les anses, et il était justement en train de les assembler en enfonçant les clous au marteau à l'endroit approprié. Son épouse, la gracieuse Charis, l'une des Charités, prit la main de la déesse lorsqu'elle entra dans la salle, la guida vers un siège d'argent, lui plaça un tabouret sous les pieds et apporta le repas. En voyant la déesse de la Mer, celui-ci s'exclama joyeusement : « Grand bien me fasse, voilà pour une fois la plus noble des immortelles dans ma

Sur la courbure du bouclier, il représenta la terre, les ondulations de la mer, le ciel avec le soleil, la lune et tous les astres.

maison, celle qui, lorsque j'étais nouveau-né, m'a évité de périr ; car parce que j'étais venu au monde paralysé, ma mère m'a chassé de son giron et j'aurais connu un trépas lamentable si Eurynome et Thétis ne m'avaient pas pris sur le leur et ne m'avaient pas élevé dans la grotte maritime jusqu'à ma neuvième année. J'ai forgé dans cette grotte voûtée toutes sortes d'œuvres d'art, des bagues, des boucles d'oreille, des chaînettes de toute espèce ; et tout autour de moi écumait, mugissant, le courant de l'océan. Et voilà ma sauveuse qui visite à présent ma maison ! Accueille-là, gracieuse hôtesse ; mais fais enlever tout ce fatras du chemin. » Ainsi parla le dieu couvert de suie ; il se leva de son enclume en claudiquant et, se balançant laborieusement d'une jambe sur l'autre, il éloigna les soufflets du feu, enferma ses ustensiles variés dans une caisse en argent, prit une éponge et se lava les mains, le visage et la poitrine avant de sortir de nouveau de la chambre en boitant, enveloppé dans une toge et soutenu par des servantes affairées ; celles-ci n'étaient cependant pas des créatures qui avaient été mises au monde, mais elles étaient comme vivantes; pleines du charme de la jeunesse, toutes forgées par lui avec de l'or, douées de force, d'entendement, d'une voix et de sens artistique. Elles s'éloignèrent de leur maître, le pied leste, mais lui, les suivant en claudiquant, attrapa l'un des sièges ornés, s'assit près de Thétis, lui prit la main et dit: « Honorable déesse bien aimée, qu'est-ce qui te guide vers mon logement, que tu visites si rarement d'ordinaire ? Dis-moi ce que tu demandes; mon cœur t'accordera tout ce que je puis accorder et tout ce qui peut l'être en soi. »

Alors, Thétis lui raconta toute sa misère et, lui serrant le genou, lui demanda de refaire et de donner à son fils Achille, fané prématurément, tant qu'il vivait encore pour la protection des Grecs, un casque, un bouclier, un harnais, des jambières et des chevillières; car le compagnon tombé avait perdu devant Troie l'armure des immortels qu'il possédait autrefois. « Courage, noble déesse ! » lui répondit Héphaïstos, « que ton cœur ne s'en soucie pas; puissé-je sauver ton fils de la violence de la mort, si son destin s'approche un jour, aussi sûrement que je vais lui fabriquer à présent une somptueuse cuirasse; elle le réjouira et sa vue étonnera plus d'un mortel ! » Ainsi parla-t-il, puis il quitta la déesse et, revenant en boitant dans sa forge, il orienta les soufflets vers le feu et les fit travailler avec force. Les vingt qu'ils étaient animèrent en même temps le vent ardent dans les fours tandis que du minerai, de l'étain, de l'argent et de l'or se trouvaient au-dessus de la braise ardente. Ensuite, il installa l'enclume sur le bloc, prit de la main droite son marteau gigantesque, et de la gauche sa tenaille. Puis il se mit à forger, donnant d'abord forme au gigantesque et puissant bouclier à cinq couches, avec une poignée d'argent et un triple bord brillant. Sur la courbure du bouclier, il représenta la terre, les ondulations de la mer, le ciel avec le soleil, la lune et tous les astres; mais aussi deux villes florissantes, l'une pleine de noces et de festins, avec une assemblée du peuple, un marché, des citoyens qui se querellaient, des hérauts et des autorités. L'autre, assiégée par deux armées en même temps : à l'intérieur de l'enceinte, des femmes, des enfants mineurs, des vieillards qui titubaient; les hommes de la ville, campant devant la cité, à l'extérieur, en embuscade et attaquant les bergers dans les troupeaux. De l'autre côté, la mêlée du combat : des blessés, une lutte pour les cadavres et leurs cuirasses. Plus loin, il peignit un champ aux limites mal définies, avec des paysans et des bœufs attelés ; un champ de blé plein de moissonneurs, sur le côté, sous un chêne, le repas déjà prêt ; plus loin, une vigne pleine de raisins noirs et gonflés de jus, sur des tuteurs tous faits d'argent, tout autour un fossé d'acier bleu et un enclos en étain ; un unique sillon traversait la vigne, et c'était justement la récolte : de jeunes garçons exultaient et des vierges à la peau rose emportaient les fruits sucrés dans de belles corbeilles. Au milieu de la troupe avançait un enfant qui portait une lyre et que d'autres entouraient en dansant. Plus loin, il créa un troupeau de bœufs en or et en étain, le long d'un fleuve qui ondulait, avec quatre bergers en or et neuf chiens ; à l'avant, deux lions s'étaient abattus sur le troupeau et avaient attrapé un jeune taureau, les vachers excitaient leurs chiens qui se tenaient à proximité du lion et aboyaient. Il dessina également une gracieuse vallée de pâturages jonchée de moutons d'argent, avec des clôtures de berger, des cabanes et des étables. Enfin, une ronde de jeunes garçons et de jeunes filles portant des vêtements brillants ; chaque danseuse était ornée d'une couronne de fleurs, les danseurs portaient des poignards en or accrochés à des courroies d'argent. Deux jongleurs tournaient en rond autour de la harpe d'un chanteur. La foule des spectateurs encerclait la ronde. Autour du bord le plus extérieur de l'image, le flot de l'océan sinuait comme un serpent.

Lorsqu'il eut achevé le bouclier, il forgea aussi le harnais et lui donna un éclat plus vif que celui du feu ; puis le casque lourd et somptueux, parfaitement taillé aux mesures de ses tempes, avec la houppe en or ; et pour finir, des jambières découpées dans l'étain le plus fin. Il déposa tous ces outils en tas devant la mère du Pélide. Mais elle se jeta sur cet équipement comme un autour sur sa proie, le remercia et emporta les armes forgées et étincelantes dans ses mains divines.

À la première lueur de l'aube, elle était revenue auprès de son fils qui, toujours en larmes et entouré de ses compagnons qui se lamentaient, était allongé sur le corps de son ami Patrocle. Elle déposa les armes devant Achille pour que tous se rassemblent autour de ce miracle. Les Myrmidons tremblèrent à cette vue, et nul n'osa

Elle déposa les armes devant Achille pour que tous se rassemblent autour de ce miracle.

regarder la déesse en face. Mais les yeux du Pélide brûlaient comme des flammes sous ses cils, de colère et de joie ; il brandit l'un après l'autre les dons raffinés du dieu et laissa longtemps son cœur se repaître de ce spectacle. Puis il partit pour se parer de ces armes. En partant, il lança à ses amis : « Veillez à ce qu'aucune mouche ne pénètre dans les plaies de mon camarade de combat abattu et ne défigure sa belle dépouille » « Je me charge de cela ! » dit Thétis. Elle fit alors couler de l'ambroisie et du nectar dans les lèvres entrouvertes de Patrocle, et ce baume des dieux lui pénétra dans le corps, tant et si bien qu'il resta semblable à un vivant.

Achille, lui, se rendit au bord de la mer et sa voix de tonnerre rameuta les Danéens ; accourut alors quiconque pouvait se déplacer ; même les timoniers qui n'avaient encore jamais quitté les navires arrivèrent ; vinrent en boitant, appuyés sur leur lance, Diomède et Ulysse, les blessés : tous les héros répondirent présents. Celui qui vint le plus tardivement fut le prince des peuples, Agamemnon, lequel était lui aussi encore malade de la blessure que lui avait infligée Coon, le fils d'Anténor, avec son javelot.

LES LÉGENDES DE TROIE

LA MORT D'HECTOR

Un irrépressible désir de vengeance :
Achille rayonne comme Arès, le dieu de la Guerre, au moment où il retrouve Hector sur le champ de bataille. Celui-ci tremble, fait trois fois le tour de la ville, poursuivi par Achille, puis engage le combat. Mais toute sa bravoure ne peut rien contre la fureur de son adversaire. Il tombe, mais parvient encore, en agonisant, à prophétiser à Achille sa propre fin. De rage, celui-ci profane son cadavre.

Illustrations de Max Wulff,
Charles Edmund Brock et John Flaxman

C.E. BROCK.

Page 51 : Alors, Hector, qui respirait déjà plus faiblement, se mit à implorer : « Ne laisse pas les chiens me déchiqueter près des navires des Danéens ! »

Achille avançait, de plus en plus proche, et son effrayante majesté le rendait toujours plus semblable au dieu de la guerre : sur l'épaule droite tremblait, terrible, sa lance taillée dans le bois de frêne de Pélion, ses armes d'airain scintillaient autour de lui comme un incendie ou comme le soleil levant. Lorsque Hector le vit, il ne put s'empêcher de trembler. Il lui était impossible de rester immobile : il se retourna, se dirigea vers la porte de la ville ; derrière lui le Pélide volait comme un faucon se précipite vers la colombe qui, souvent, dévie sur le côté tandis que le vol de l'oiseau de proie le dirige tout droit. C'est ainsi qu'Hector s'enfuit le long du mur de Troie, par le chemin carrossable qui passait devant les deux sources jaillissantes du Scamandre, la chaude et la froide, allant de plus en plus loin autour du mur : un fort prenait la fuite, mais un plus fort le poursuivait. Ils firent ainsi trois fois le tour de la ville de Priam et, sur l'Olympe, tous les dieux éternels regardèrent ce spectacle avec une attention soutenue. « Soupesez bien les choses, ô dieux », dit Zeus, « l'heure de la décision est venue ; la question qui se pose à présent est celle-ci : Hector doit-il encore une fois échapper à la mort, ou doit-il mourir, si courageux soit-il ? » Pallas Athéna prit alors la parole : « Père, qu'est-ce qu'il te prend ? Tu veux sauver du trépas un mortel dont l'heure a sonné depuis longtemps ? Fais ce que bon te semble, mais n'espère pas que les dieux approuvent ta décision ! » Zeus hocha la tête pour signifier son accord à sa fille, et elle s'éleva comme un oiseau depuis les hauteurs rocheuses de l'Olympe pour rejoindre le champ de bataille.

Hector y fuyait toujours le poursuivant, qui était à ses trousses comme un chien de chasse traque le cerf sorti de son repaire et, tel celui-là avec son gibier, ne lui laissait pas le moindre recoin ni le moindre répit. Achille faisait aussi signe à son peuple pour que nul ne lance de projectile sur Hector ni ne lui vole la gloire d'avoir été le premier et le seul à avoir tué le plus effroyable ennemi des Grecs.

Lorsque, après leur quatrième tour autour du mur, ils furent arrivés près des sources du Scamandre, Zeus s'éleva sur l'Olympe, tendit la balance d'or et déposa deux bulletins tirant la mort au sort, le premier au nom du Pélide, l'autre à celui d'Hector. Puis il prit la balance en son milieu et soupesa : alors, le plateau d'Hector s'enfonça profondément vers l'Hadès, et à l'instant même, Phébus Apollon cessa de marcher à son côté. La déesse Athéna s'approcha quant à elle d'Achille et lui chuchota à l'oreille : « Arrête-toi et repose-toi tandis que je le persuade de t'affronter hardiment. » Obéissant à la déesse, Achille s'appuya sur son javelot de frêne, tandis qu'elle, ayant pris la forme de Déiphobe, allait tout près d'Hector et lui disait : « Ah, mon frère aîné, le Pélide te suit pas à pas ! Allons, arrêtons-nous et repoussons-le ! » Levant joyeusement les yeux, Hector lui répondit : « Tu as toujours été mon frère le plus fidèle, Déiphobe, mais à présent mon estime pour toi est d'autant plus grande que, dès que ton œil m'a aperçu, tu as osé sortir de la ville tandis que tous les autres sont assis derrière le mur ! » Athéna fit signe au héros et le précéda, lance levée, vers Achille qui se reposait. Hector commença par crier à celui-ci : « Je ne te fuirai pas plus longtemps, Pélide : mon cœur me pousse à te faire face fermement, que je te tue ou que je meure ! Mais prenons les dieux à témoin d'un serment : si Zeus me donne la victoire, je ne te maltraiterai plus jamais et lorsque je t'aurai ôté ta cuirasse, je remettrai ta dépouille à ton peuple. Tu dois faire de même avec moi ! »

« Ne bavardons pas à propos de traités ! » répondit sombrement Achille. « Pas plus qu'un chien ne crée une amitié entre lion et homme, pas plus qu'il n'y a d'entente entre les loups et les agneaux, je ne me lierai d'amitié avec toi. L'un de nous doit tomber au sol, ensanglanté. Rassemble tout ton art, tu vas devoir être à la fois lanceur de javelot et combattant. Mais tu ne m'échapperas pas, toute la souffrance que tu as causée aux miens avec ta lance, tu vas me la payer maintenant, d'une seule traite ! » Ainsi le rabroua Achille, puis il jeta sa lance ; mais Hector tomba à genoux et le projectile vola bien au-dessus de lui pour aller se planter dans la terre ; Athéna l'y saisit et la redonna aussitôt au Pélide, sans qu'Hector l'ait remarqué. Dans un élan furieux, Hector envoya alors à son tour son javelot et celui-ci ne manqua pas son but, il atteignit en son centre le bouclier d'Achille, mais rebondit dessus. Consterné, Hector chercha des yeux son frère Déiphobe, car il n'avait pas de deuxième lance à envoyer. Mais celui-ci avait disparu. Hector comprit alors que c'était Athéna qui l'avait trompé. Il comprit sans doute que le destin allait alors s'emparer de lui ; il ne pensa donc plus qu'à une chose : il ne voulait pas s'effondrer sans gloire dans la poussière. Il tira la puissante épée qu'il portait à la hanche et, la brandissant de la main droite, se précipita comme un aigle qui, depuis les airs, plonge sur un lièvre à l'échine courbée ou sur un petit agneau. Le Pélide n'attendit pas le coup et se glissa lui aussi sous son bouclier ; son casque se balança, sa crinière battit au vent et le javelot qu'il brandissait, furieux, dans la main droite, brillait avec la clarté d'une étoile. Son œil scruta le corps d'Hector à la recherche d'un point où il pourrait le blesser. Mais la cuirasse volée enveloppait tout ; seul le point où la clavicule rattache l'aisselle et le cou, la gorge, le point du corps le plus vulnérable, apparaissait un peu dénudé. Achille, qui s'était rapidement décidé, y porta son coup et lui perça la gorge avec une telle force que la pointe de la lance lui sortit par la nuque. Mais le javelot ne lui transperça pas le larynx au point qu'il ne pût plus parler, bien qu'il fût tombé dans la poussière tandis qu'Achille jubilait d'une voix puissante et menaçait de livrer le cadavre aux chiens et aux oiseaux. Alors, Hector, qui respirait déjà plus faiblement, se mit à implorer : « Je t'en conjure par ta vie, Achille, par tes enfants, par tes parents, ne laisse pas les chiens me déchiqueter près des navires des Danéens ! Prends en cadeau de l'airain et de l'or tant que tu veux, et envoie en contrepartie mon corps à Troie, que les hommes et les femmes puissent lui rendre là-bas l'honneur du bûcher. »

Mais Achille refusa en secouant son épouvantable tête avant de répondre : « Ne m'invoque pas par mes enfants et par mes parents, toi, l'assassin de mon ami ! Nul n'éloignera les chiens de ta tête, quand bien même tes compatriotes m'annonceraient vingt expiations et me promettraient plus encore. Et même si Priam devait m'offrir mon propre poids en or ! » « Je te connais », gémit Hector en mourant, « j'ai deviné que tu ne céderais pas : ton cœur est de fer ! Mais pense à moi quand les dieux me vengeront, quand, sur les hautes portes Scées, t'atteindra le projectile de Phébus Apollon et que tu finiras dans la poussière, comme je le fais à présent ! » Sur cette prophétie, l'âme d'Hector quitta son corps et descendit en volant vers l'Hadès. Mais Achille rappela l'âme qui fuyait : « Meurs donc, toi ; mon destin, je le recevrai quand le voudront Zeus et les dieux ! » Ainsi parla-t-il, puis il sortit le javelot du cadavre, le mit sur le flanc et ôta sa propre cuirasse sanglante des épaules de l'homme assassiné.

C'est ainsi qu'Hector s'enfuit le long du mur de Troie, par le chemin carrossable qui passait devant les deux sources jaillissantes du Scamandre.

Alors, quatre combattants de l'armée grecque accoururent pour observer la stature et la hauteur de la dépouille d'Hector, et plus d'un dit en le palpant : « C'est admirable, comme cet homme est plus doux au toucher que lorsqu'il lançait le feu grégeois sur nos navires ! » Alors, Achille se posta parmi le peuple et parla : « Amis et héros ! Maintenant que les dieux m'ont permis de maîtriser cet homme qui nous a fait plus de mal que tous les autres réunis, allons donc, vêtus de nos cuirasses, explorer un peu la ville pour déterminer s'ils vont évacuer la citadelle pour nous laisser la place ou s'ils oseront résister, même sans Hector. Mais que dis-je ? Mon ami Patrocle est-il encore près des navires, sans avoir été inhumé ? Alors, entonnez le chant de la victoire, ô hommes, et avant toutes choses célébrons pour mon ami le sacrifice d'expiation que j'ai abattu pour lui ! »

Sur ces mots, le cruel se tourna de nouveau vers le cadavre, lui perça les tendons des deux pieds entre la cheville et le talon, y fit passer des courroies en peau de taureau, les attacha fermement au siège de son char et fit avancer son cheval au fouet vers les navires en traînant le cadavre derrière lui. Un nuage de poussière entourait l'homme ainsi tiré, sa tête encore si aimable un peu plus tôt traçait de ses cheveux en bataille un large sillon dans le sable. Depuis le haut du mur, sa mère Hécube assista à cet atroce spectacle, lança loin d'elle le voile qui lui couvrait la tête et suivit son fils des yeux en se lamentant. Le roi Priam pleurait et gémissait lui aussi. Les pleurs et les cris d'angoisse des Troyens et des membres des peuples étrangers résonnaient dans toute la ville. Il fut bien difficile d'empêcher le vieux roi de se précipiter lui-même, dans sa douleur furieuse, vers les portes Scées, pour rattraper l'assassin de son fils. Il se jeta au sol et cria : « Hector, Hector ! J'oublie par toi tous les autres fils que l'ennemi m'a tués ; oh, si seulement tu étais mort dans mes bras ! »

Andromaque, l'épouse d'Hector, n'avait encore rien perçu de toute cette misère – pire, on ne lui avait pas même envoyé un messager pour la prévenir que son époux se trouvait encore à l'extérieur, devant les portes. Elle était tranquillement assise devant l'un des logis du palais et tissait une belle tenue pourpre avec des broderies de couleur. Et l'une des servantes était justement en train de déposer un grand trépied au-dessus du feu pour préparer à son époux un bain qui le réchaufferait lorsqu'il reviendrait du champ de bataille. Elle entendit alors, en provenance de la tour, des pleurs et un cri déchirant. Une sombre intuition au cœur, elle s'exclama : « Malheur à moi, servantes, je crains qu'Achille n'ait coupé mon courageux époux de la ville et ne menace sa bravoure, qui ne le laisse jamais s'attarder dans la foule ; vous deux, suivez-moi, allons voir ce qu'il en est ! » Le cœur battant à tout rompre, elle se précipita à travers le palais, rejoignit la tour à grands pas et vit, du haut du mur, le cheval du Pélide tirer impitoyablement dans la contrée le corps de son époux attaché au char du vainqueur. Andromaque tomba à la renverse, profondément inconsciente, dans les bras de ses beaux-frères et belles-sœurs, et les ornements précieux qui ornaient sa chevelure, le bandeau, la tiare, le beau ruban, le cadeau de noces d'Aphrodite, volèrent bien loin de sa tête. Lorsqu'elle recommença enfin à respirer, elle lança aux femmes de Troie d'une voix brisée, en sanglotant : « Hector !

Le cœur battant à tout rompre, elle se précipita à travers le palais, rejoignit la tour à grands pas et vit, du haut du mur, le cheval du Pélide tirer impitoyablement dans la contrée le corps de son époux attaché au char du vainqueur.

Malheur à moi, pauvre que je suis ! Ô roi, miséreux comme moi, né pour la misère, comme moi ! Abandonnée dans la douleur et la lamentation, me voilà maintenant chez moi, veuve avec notre enfant mineur qui, privé de son père, grandira les yeux blessés et les cils constamment baignés de larmes ! Il devra mendier auprès des amis de son père et, tirer tantôt la toge, tantôt la manche pour qu'on lui tende une coupelle et qu'on lui donne une gorgée à boire ! Parfois aussi, un enfant de parents prospères le chassera du festin et lui dira : 'Va-t'en de là, ton père n'est pas au banquet !' Puis il se réfugiera en pleurant auprès de sa mère, qui n'a pas d'époux. Mais lui nourrira les chiens, et les vers dévoreront les restes ! À quoi me servent à présent ces ravissants habits ornés dans leurs coffres ? Je vais tous les livrer aux flammes : à quoi me servent-ils ? Hector ne reposera plus sur eux, ne paradera plus avec eux ! » Ainsi parla-t-elle, en pleurant et en se plaignant, et tout autour les Troyennes soupiraient.

LES LÉGENDES DE TROIE

LA MORT DE PÂRIS

Une fin pitoyable reçue de la main de l'ennemi : le bonheur de Pâris ne durera plus longtemps, son destin est déjà scellé. Atteint par une flèche empoisonnée tirée par Philoctète, Pâris fuit le champ de bataille. Mais le poison produit son effet, et l'homme qui, des années auparavant, a enlevé la belle Hélène à Sparte pour la conduire à Troie trouve lui aussi la mort.

Illustrations de John Flaxman et Henry Justice Ford

Le lendemain, les Troyens étaient occupés à enterrer leurs morts à l'extérieur des murs lorsqu'ils virent les Grecs qui, déjà, revenaient au combat. Polydamas, le sage ami du défunt Hector, leur conseilla de prendre conscience de leur faiblesse, de se retirer derrière les murailles et de s'y défendre tranquillement. « Troie est l'œuvre des dieux », dit-il, et leurs œuvres ne sont pas faciles à détruire ; nous ne manquons ni de mets ni de boissons, et dans les halles de notre riche roi Priam se trouvent encore suffisamment de provisions pour rassasier une population trois fois plus nombreuse que la nôtre. » Mais les Troyens n'écoutèrent pas son conseil et applaudirent au contraire Énée qui les invitait à connaître une victoire glorieuse ou la mort sur le champ de bataille. Bientôt le combat fit rage dans les deux armées. Néoptolème abattit douze Troyens à la file avec le javelot de son père, mais Eurymène, le compagnon du hardi Énée, ainsi qu'Énée lui-même, ouvrirent des failles sanglantes dans l'armée grecque et Pâris tua le compagnon de Ménélas, Démoléon de Sparte. En face, Philoctète, parmi les Troyens, tout comme l'incoercible Arès lui-même, entrait dans les rangs troyens comme un fleuve furieux inondant de vastes terres. Qu'un ennemi le vît, même de loin, et déjà il était mort ; à elle seule, la splendide cuirasse d'Hercule dont il s'était vêtu semblait conduire les Troyens au trépas, comme si la tête de la Méduse se trouvait sur sa cuirasse. Mais en dernier lieu, Pâris fit tout de même une tentative et marcha sur lui en brandissant courageusement son bouclier. Il décocha rapidement une flèche. Mais elle passa en sifflant à côté de Philoctète et blessa à l'épaule l'homme qui combattait à côté de lui, Cléodore. Celui-ci recula sans cesser de combattre avec sa lance ; mais une deuxième flèche de Pâris l'atteignit mortellement. Cette fois, Philoctète saisit son arc et cria d'une voix de stentor : « Espèce de voleur troyen, cause de tout notre malheur, tu vas payer l'envie que tu as eue de te mesurer à moi. Une fois que tu seras mort, le trépas rejoindra d'un pas rapide ta maison et ta ville ! » Ainsi parla-t-il, puis il tira la corde tressée de l'arc jusque tout près de sa poitrine, si bien que l'arc en corne se courba, et disposa la flèche de telle sorte qu'elle dépasse à peine de l'arc. Dans un bourdonnement de la corde, le projectile fila et, tiré par la main du héros divin, ne manqua pas son objectif. Mais il ne fit qu'égratigner la belle peau de Pâris, et celui-ci tendit de nouveau son arc à son tour ; alors, une deuxième flèche de Philoctète l'atteignit au flanc, l'empêchant de poursuivre le combat, et il s'enfuit comme un chien devant le lion, en tremblant de tout son corps.

Le combat sanglant se prolongea encore un moment tandis que les médecins soignaient la blessure douloureuse de Pâris. Mais l'obscurité de la nuit était tombée et les Troyens revinrent dans leurs murs, les Danéens à leurs navires. Pâris passa toute la nuit à gémir, sans pouvoir trouver le sommeil sur son lit de douleur. La flèche avait pénétré jusque dans la moelle de l'os et l'épouvantable poison dans lequel étaient plongées les flèches d'Hercule avait rendu la plaie toute noire de putréfaction. Aucun médecin ne put y remédier, bien qu'ils aient utilisé toute sorte de moyens. Alors, le blessé se rappela un oracle : un jour, dans la plus grande détresse, seule son épouse répudiée Œnone pourrait l'aider, cette femme avec laquelle il avait vécu des jours heureux alors qu'il était encore berger sur le mont Ida. C'est de la propre bouche de sa femme qu'il avait entendu cette prédiction, au moment où il partait pour la Grèce. Il se fit donc porter, non sans plaisir, mais toujours en proie aux durs tourments, jusqu'à l'Ida, où vivait toujours sa première épouse. Depuis le sommet de la montagne descendirent en croassant des oiseaux de malheur, au moment où ses serviteurs effectuaient l'ascension avec lui. Tantôt leurs cris le remplissaient d'effroi, tantôt l'espoir de vivre l'incitait de nouveau à les mépriser. C'est ainsi qu'il arriva dans le logis de son épouse. Cette vision emplit d'étonnement les servantes et Œnone elle-même ; mais Pâris se jeta aux pieds de la femme qu'il avait jadis dédaignée et s'exclama : « Ô vénérable femme, ne me hais pas à présent dans mon

DEPUIS LE SOMMET DE LA MONTAGNE DESCENDIRENT EN CROASSANT DES OISEAUX DE MALHEUR, AU MOMENT OÙ SES SERVITEURS EFFECTUAIENT L'ASCENSION AVEC LUI.

Bientôt le combat fit rage dans les deux armées.

malheur parce qu'autrefois, malgré moi, je t'ai laissée comme veuve. Car vois-tu, c'étaient les implacables Parques qui m'avaient guidé vers Hélène. Oh, si j'étais mort avant de l'avoir conduite au palais de mon père ! Mais à présent, je t'implore, au nom des dieux et de notre ancien amour : prends pitié de moi et libère-moi de cette douleur lancinante en apposant sur ma blessure les remèdes qui, selon ta propre prophétie, sont les seuls à pouvoir me sauver ! »

Ses mots n'attendrirent pas l'esprit entêté de la répudiée. « Quelle idée t'a pris », demanda-t-elle d'une voix réprobatrice, « de revenir auprès de celle que tu as quittée et abandonnée à une amère lamentation parce que tu espérais jouir de l'éternelle jeunesse d'Hélène ? Alors va, maintenant, et jette-toi à ses pieds pour voir si elle peut t'aider ; mais n'espère pas que tes larmes et tes plaintes m'inciteront à la pitié ! » Elle le renvoya ainsi de son logis, sans deviner que son propre destin était lié à celui de son époux. Soutenu et porté par ses serviteurs, Pâris se traîna laborieusement à travers les hauteurs boisées du mont Ida, et Héra, depuis l'Olympe, se reput de ce spectacle. Il n'était pas encore arrivé sur le versant de la

Mais Pâris se jeta aux pieds de la femme
qu'il avait jadis dédaignée.

montagne qu'il succomba à sa blessure vénéneuse et expira son âme sur les sommets de l'Ida, si bien que son épouse Hélène ne le revit jamais.

Un remord inattendu s'empara de l'âme d'Œnone, qui reposait dans sa maison solitaire sur les hauteurs de l'Ida, loin de toutes les femmes de Troie, et à laquelle revint alors le souvenir de sa jeunesse passée dans l'amour de Pâris. Comme la glace qui s'installe dans les forêts de haute montagne, recouvre les ravines aux alentours puis fond de nouveau sous le souffle tiède du vent d'Ouest avant de s'éloigner en sources jaillissantes, la dureté de son cœur se mit à fondre de chagrin ; elle sentit son âme s'ouvrir et des flots de larmes s'écoulèrent de ses yeux séchés depuis longtemps. Enfin, elle se reprit, ouvrit d'un geste vif les portes de sa maison et se précipita à l'extérieur avec la force d'une tempête. De roche en roche, par les gorges et les torrents, ses pieds rapides la portaient à travers la nuit. Sélène portait vers elle un regard compatissant depuis le ciel bleu de la nuit. Elle arriva enfin à l'endroit de la montagne où le cadavre de son époux brûlait sur le bûcher, entouré par les bergers de la montagne qui rendaient le dernier hommage à l'ami et au fils de roi. Quand Œnone l'aperçut, la vive douleur la rendit muette ; elle dissimula son beau visage dans ses vêtements, sauta d'un bond sur le bûcher et avant que ceux qui l'entouraient ne puissent la sauver ni même la plaindre, elle fut, avec le corps de son époux, la victime des flammes.

LES LÉGENDES DE TROIE

LE CHEVAL DE BOIS

À la fin, c'est la ruse qui l'emporte : la fin de Troie est imminente. Ulysse, l'homme aux nombreuses astuces, conseille de bâtir le cheval de bois, avec son funeste contenu. Les Troyens se laissent prendre au piège et font entrer dans la ville le butin supposé. À peine les célébrations de la victoire se sont-elles achevées que les Troyens descendent de l'intérieur du cheval et ouvrent les portes de la ville. Les assassinats et les pillages qui suivent ne prennent fin qu'au moment où la ville de Priam est entièrement détruite.

Illustrations de Charles Edmund Brock et Henry Justice Ford

Après que les Grecs se furent longtemps et vainement battus autour des portes et des murs de Troie et que la tentative d'assaut eut été repoussée de tous les côtés, le devin Calchas convoqua une assemblée des héros les plus éminents et leur parla en ces termes : « Ne vous soumettez plus aux tourments d'un combat violent, car vous n'arriverez pas au but par cette voie : songez plutôt à une quelconque attaque qui pourra apporter le salut à vos navires et à vous-mêmes. Car écoutez le signe que j'ai vu hier : un autour pourchassait une petite colombe ; mais celle-ci se faufila dans les failles d'un rocher pour échapper à son poursuivant. Celui-ci, courroucé, resta longtemps devant la fente, mais le petit animal ne sortit pas ; alors, l'oiseau de proie, réprimant sa mauvaise humeur, se cacha dans les buissons voisins ; et voilà que dans sa bêtise, la colombe se faufila alors hors du trou : le vautour fondit sur le pauvre oiseau et l'étrangla sans pitié. Prenons cet oiseau comme modèle, et cessons de vouloir prendre Troie par la force, essayons plutôt par la ruse. »

Ainsi parla le devin, mais autant qu'ils aient pu réfléchir, il ne vint à l'esprit d'aucun des héros un moyen qui pourrait mettre un terme à cette guerre atroce ; seul Ulysse, grâce à son esprit madré, finit par en trouver un. « Écoutez-moi, mes amis ! » s'exclama-t-il, joyeusement animé par cette heureuse idée. « Construisons un gigantesque cheval en bois dans la cachette duquel s'enfermeront les plus nobles héros grecs, tout autant que nous sommes. Les autres troupes pourront, pendant ce temps-là, se retirer avec les navires sur l'île de Ténédos, mais brûler tout ce qui sera resté ici, afin que les Troyens, s'ils voient cela de leurs murs, se répandent de nouveau sur la plaine. L'un d'entre nous, les héros, un homme courageux et connu par aucun des Troyens, devra cependant rester à l'extérieur du cheval et se rendre auprès d'eux pour demander asile et leur raconter une fable : qu'il s'est soustrait à la force scélérate des Achéens, lesquels voulaient le sacrifier aux dieux pour assurer leur retour. Qu'il s'est caché sous le cheval artificiel consacré à l'ennemie des Troyens, la déesse Pallas Athéna, et qu'il vient tout juste d'en ressortir à présent, après le départ de ses adversaires. Il le répétera d'un ton fiable à ceux qui l'interrogeront, jusqu'à ce que ceux-ci aient surmonté leur méfiance et commencent à le croire. Ensuite, le considérant comme un étranger digne de commisération, ils le feront entrer dans la cité. Il devra y faire en sorte que les Troyens tirent le cheval de bois à l'intérieur de la ville. Une fois que nos ennemis, dans leur insouciance, se seront laissés sombrer dans le sommeil, il nous adressera un signal convenu, nous quitterons notre repaire, nous allumerons une torche pour prévenir nos amis près de Ténédos et nous détruirons la ville par le feu et le glaive. »

> **« NOUS ALLUMERONS UNE TORCHE POUR PRÉVENIR NOS AMIS ET NOUS DÉTRUIRONS LA VILLE PAR LE FEU ET LE GLAIVE. »**

Ils revinrent alors tous ensemble aux navires et, avant de se mettre à l'ouvrage, les héros s'abandonnèrent au sommeil bienfaisant. Alors, vers minuit, en rêve, Athéna se plaça près de la tête du héros grec Épéios et chargea cet homme d'art de menuiser avec des poutres le puissant cheval, en lui promettant de lui apporter son concours pour achever l'œuvre rapidement. Le héros avait reconnu la déesse et, d'un bond, sortit de son sommeil : toutes les pensées de son esprit laissèrent place à cette mission et l'esprit de son art anima son âme. Au lever du jour, il raconta l'apparition divine à tous les hommes ; les Atrides envoyèrent alors en toute hâte des bûcherons couper les sapins les plus hauts dans les vallées boisées du mont Ida. Ces troncs furent rapidement transportés vers l'Hellespont et de nombreux jeunes gens se mirent au travail et aidèrent Épéios : les uns sciaient les poutres, les autres coupaient les branches sur les grumes qui n'avaient pas encore été débitées, d'autres encore se livraient à d'autres tâches. Épéios commença par menuiser les pattes du cheval, puis son ventre. Au-dessus, il assembla le dos courbé, à l'arrière les flancs, devant l'encolure ; sur celle-ci, il donna une forme gracieuse à la crinière qui paraissait battre au vent : la tête et la queue furent abondamment pourvues de crin, on plaça des oreilles dressées sur le crâne du cheval et on logea des yeux de verre brillants sous le front ; bref, il ne manquait rien de ce qui bouge et se meut dans un cheval vivant. Ainsi, avec l'aide d'Athéna, acheva-t-il son ouvrage en trois jours, et toute l'armée admira la création de l'artiste, tant il avait su reproduire la vie et le mouvement avec expressivité ; à chaque instant, on croyait que le cheval géant allait se mettre à hennir. Mais Épéios leva les mains vers le ciel et pria devant toute l'armée : « Puissante Pallas, écoute-moi, sauve ton cheval et sauve-moi moi-même, haute déesse ! » Et tous les Grecs mêlèrent leurs voix à cette prière.

Depuis le dernier combat, les Troyens étaient farouchement restés derrière leurs murs. La querelle entre les dieux était à présent d'autant plus bruyante que le malheur de Troie devait désormais être scellé. Ils partirent en groupes séparés, les uns favorables, les autres hostiles aux Grecs, ils descendirent sur terre et se disposèrent les uns en face des autres sur deux lignes de bataille, le long de la rivière Xanthe, invisibles des mortels. Les divinités maritimes se rallièrent elles aussi à l'un ou l'autre camp. Les Néréides, parentes d'Achille, prirent le parti des Grecs ; d'autres dieux de la Mer, celui de Troie, et ceux-ci soulevèrent les flots contre les navires et les poussèrent sur terre contre le cheval perfide ; ils auraient démoli les uns et les autres si le destin l'avait permis. Pendant ce temps-là, les dieux supérieurs commencèrent à se quereller ; Arès se précipita vers Athéna pour la combattre. Ce fut le signal de l'affrontement général et les dieux se ruèrent les uns sur les autres : à chacun de leurs mouvements, les cuirasses d'or cliquetaient et la mer faisait bruisser ses vagues à l'intérieur ; la terre tremblait sous les pieds des immortels et tous criaient fort, si bien que l'appel au combat des dieux descendit jusqu'en enfer et que les titans du Tatare en furent secoués. Mais les Célestes avaient choisi pour le combat un moment où Zeus, le père des dieux et des hommes, était parti pour un lointain voyage près de l'Océan, où l'avait appelé le gouvernement de la Terre. Même au loin, toutefois, rien de ce qui se passait à la surface de la planète n'échappait à son esprit perspicace. Ainsi, à peine eut-il vent du combat des dieux qu'il revint rapidement du flot de l'océan avec ses chevaux de vent ailés, sur le char du tonnerre conduit par Iris et, une fois dans l'Olympe, lança ses éclairs entre les dieux qui se battaient. Les immortels sursautèrent et cessèrent leur combat. Thémis, la déesse de la Justice, restée seule à l'écart de la querelle, apparut parmi les dieux et les sépara en leur annonçant que Zeus avait décidé la destruction complète des Célestes s'ils n'obéissaient pas. Craignant pour leur immortalité, les dieux réprimèrent l'amertume de leur cœur et revinrent du combat, les uns sur l'Olympe, les autres dans la profondeur de la mer.

Pendant ce temps-là, le cheval du camp grec avait été mis en parfait état de marche, et Ulysse se leva dans l'assemblée des héros. « L'heure est venue, ô vous, chefs du peuple danééen ! » proclama-t-il. « Nous allons voir à présent qui domine vraiment par sa force et son courage. Car il est temps d'aller vers le sombre avenir dans le ventre du cheval qui nous abritera ! Croyez-moi, il faut plus de courage pour aller dans ce repaire minuscule que pour défier la mort en combat ouvert en rase campagne ! Dès lors, que celui qui se sent le plus brave décide d'accomplir cette prouesse. Que les autres embarquent d'abord pour rejoindre Ténédos ! Mais qu'un vaillant jeune homme reste à proximité du cheval et fasse comme je l'ai conseillé. Qui veut accepter cette mission ? »

Les héros hésitèrent. Puis un brave Grec nommé Sinon se leva et dit : « Vous me voyez prêt à accomplir l'ouvrage demandé ! Les Troyens peuvent bien me maltraiter, me jeter vivant dans le feu, ma résolution est prise ! » Les fantassins l'applaudirent dans la liesse, et plus d'un vieux héros se dit au fond de son cœur : « Qui est donc ce jeune homme ? Nous n'avons jamais entendu son nom ; aucun acte de bravoure ne l'a encore distingué. Assurément, c'est un démon qui le pousse à causer ou bien la perte des Troyens, ou bien la nôtre ! » Mais Nestor se leva et lança aux Danéens, encourageant : « Maintenant, chers enfants, il faut un vaillant courage, car les dieux déposent entre nos mains le but de dix années de tourment : alors, entrons vite dans le ventre du cheval ! Moi-même, je sens encore dans mes membres de vieillard la force juvénile qui m'animait lorsque j'ai voulu monter avec Jason dans le navire des argonautes, ce que j'aurais fait si le roi Pélias ne m'en avait dissuadé ! » Ainsi s'exclama le vieillard, et il voulut se hisser avant tous les autres, par la porte latérale ouverte, dans le ventre du cheval de bois. Mais Néoptolème, le fils d'Achille, l'implora de lui céder cet honneur, à lui, le jeune homme et, compte tenu de son grand âge, de se charger de mener le reste des Grecs sur l'île de Ténédos. Nestor se laissa convaincre à grand-peine et le garçon, cuirassé des pieds à la tête, monta le premier dans la vaste cavité. Se rallièrent à lui Ménélas, Diomède, Sthénélos et Ulysse, puis Philoctète, Ajax, Idoménée, Mérion, Podalire, Eurymaque, Antimaque, Agapénor et tous ceux que le ventre du cheval pouvait encore contenir. En dernier lieu, c'est le fabriquant de l'animal, Épéios, qui y entra en personne. Puis il releva les échelles dans la cavité, la ferma solidement de l'intérieur et s'assit devant le verrou. Les autres demeurèrent dans un profond silence dans le ventre de la bête, assis dans la nuit noire, entre la mort et la victoire.

Mais les autres Grecs, lorsqu'ils eurent incendié la tente et tous les ustensiles du camp, hissèrent les voiles de leurs navires, sous les ordres d'Agamemnon, le prince des peuples, et du roi Nestor, avant de mettre le cap sur l'île de Ténédos. C'est ce qu'avaient décidé les Danéens, qui n'avaient pas permis aux deux héros de se confier au cheval, le premier en raison de sa dignité, le second à cause de son âge. Devant Ténédos, ils jetèrent l'ancre et attendirent, le cœur languissant, le signe de feu.

Les Troyens remarquèrent bientôt la fumée qui s'élevait en tourbillon au bord de l'Hellespont, et lorsqu'ils observèrent le rivage plus attentivement, les navires des Grecs avaient aussi disparu. Soulevés par la joie, ils accoururent en masse au bord de l'eau ; mais ils n'oublièrent pas de se parer de leurs armures, car la peur ne les avait pas encore totalement abandonnés. Lorsqu'ils prirent conscience de la présence du cheval de bois lisse à l'emplacement de l'ancien camp ennemi, ils se disposèrent, étonnés, autour de lui – car c'était un ouvrage gigantesque.

Pendant que cela se déroulait, quelques pâtres, que la curiosité avait attirés tout près du cheval de bois, firent sortir le rusé Sinon de sous le ventre de l'animal et le traînèrent devant le roi Priam, auquel ils le présentèrent comme un Grec capturé. Sinon se départit enfin de la peur qui l'affectait et parla : « Je suis un habitant d'Argos, je ne le nierai pas ; que Sinon soit malheureux n'en fait pas pour autant un menteur. Vous avez peut-être entendu parler du prince Palamède, de l'île d'Eubée, qui a été ignominieusement lapidé par les Grecs à l'instigation d'Ulysse parce qu'il avait échoué dans une attaque contre votre ville ; je suis parti dans cette guerre en tant que son parent, pauvre et sans soutien depuis sa mort. Et parce que j'ai osé

C·E·BROCK

Quelques pâtres, que la curiosité avait attirés tout près du cheval de bois, firent sortir le rusé Sinon de sous le ventre de l'animal et le traînèrent devant le roi Priam, auquel ils le présentèrent comme un Grec capturé.

menacer de me venger pour l'assassinat de mon cousin, j'ai attiré sur moi la haine du faux fils de Laërte et il m'a tourmenté pendant toute cette guerre. Il n'a pas eu de répit non plus tant qu'il n'est pas convenu de ma mort avec Calchas, le devin menteur. Lorsque mes compatriotes eurent enfin mis en œuvre cette fuite souvent décidée et chaque fois repoussée, et alors que ce cheval de bois avait été assemblé sur ces lieux, ils envoyèrent Eurypyle auprès d'un oracle d'Apollon, parce qu'ils avaient observé dans le ciel d'inquiétants signes miraculeux. Celui-ci ressortit du sanctuaire du dieu avec cette triste sentence : 'Lors de vos sorties, vous avez apaisé les vents qui vous soulevaient au prix du sang d'une vierge : c'est aussi par le sang que vous devrez payer votre retour, en sacrifiant une âme grecque.' Les guerriers sentirent un frisson leur parcourir les os lorsqu'ils entendirent ces mots. Alors Ulysse tira à grands fracas le prophète Calchas dans l'assemblée du peuple et lui demanda de révéler la volonté des dieux. Pendant cinq jours, l'imposteur se tut et refusa hypocritement de désigner un Grec pour aller à la mort. Enfin, comme s'il y avait été forcé par les cris d'Ulysse, il donna mon nom. Tous approuvèrent, car chacun été heureux de voir la mort détournée de sa propre tête. Et déjà le jour terrible se levait, je fus orné pour le sacrifice, ma tête ceinte des bandes sacrées, l'autel et le blé concassé étaient prêts. Alors, je déchirai mes liens et restai caché parmi les roseaux d'un proche marécage, jusqu'à ce qu'ils aient hissé les voiles. Puis j'ai rampé jusqu'ici et j'ai cherché asile sous le ventre de leur cheval sacré. Je ne puis revenir dans ma patrie ni auprès de mes compatriotes. Je suis entre vos mains, et c'est de vous que dépend de savoir si vous voulez m'offrir généreusement la vie ou me donner la mort que j'ai failli recevoir de la main des membres de mon propre peuple. »

Les Troyens étaient émus ; Priam adressa des mots bienveillants à l'hypocrite, lui demanda d'oublier ces mauvais Grecs et lui promit un asile dans sa ville. Le tissu de mensonges avait été confectionné avec tellement de vraisemblance que Priam et tous les Troyens prêtèrent foi à l'imposteur ; mais Athéna veillait sur le destin de ses amis, qui étaient toujours enfermés à l'intérieur du cheval, attendaient dans l'angoisse et vivaient depuis la mise en garde de Laocoon dans une peur permanente de mourir. C'est un effroyable miracle qui libéra les héros de ce péril. Ce même Laocoon, prêtre d'Apollon, avait aussi hérité par tirage au sort du sacerdoce de Poséidon après la mort du prêtre de ce dernier et il était justement en train de sacrifier devant l'autel, sur le rivage, un superbe taureau à l'intention de son dieu. Et voilà que, provenant de l'île de Ténédos et fendant la surface réfléchissante de la mer, arrivèrent deux serpents monstrueux qui se dirigèrent vers le rivage : leur poitrine et leur crinière rouge sang émergeaient de l'eau, le reste de leur corps se tortillait sous les flots. La mer clapotait dans leur sillage, ils arrivèrent sur la terre, dardant de la langue, sifflant, scrutant les alentours de leurs yeux enflammés. Les Troyens, toujours en masse autour du cheval, devinrent livides comme des cadavres et prirent la fuite, mais les animaux se dirigèrent sur l'autel du dieu de la Mer disposé sur le rivage, là où Laocoon accomplissait son sacrifice en compagnie de ses deux jeunes fils. Ils commencèrent par s'attaquer au corps des deux garçons et enfoncèrent leurs crocs venimeux dans leur tendre chair. Lorsque les blessés se mirent à crier et que leur père sortit son glaive et voulut se porter à leur secours, ils firent deux nœuds de leur corps autour de sa nuque et ne tardèrent pas à le dépasser de leur cou dressé et de leur tête sifflante. Son bandeau de prêtre dégoulinait de pus et de poison. Il s'efforça en vain de défaire les nœuds avec ses mains ; et pendant ce temps-là, le taureau déjà blessé s'échappait de l'autel, ensanglanté, mugissant, et se secouait pour faire tomber la hache de son dos. Laocoon et ses deux enfants moururent des morsures des serpents. Les animaux se dirigèrent alors, en décrivant de longs méandres, vers le temple éminent d'Athéna, où ils se dissimulèrent sous les pieds et le bouclier de la déesse.

Le peuple troyen vit dans cet abominable événement une confirmation des doutes sacrilèges de son prêtre. Une partie rejoignit la ville en toute hâte et abattit les murs pour ouvrir le chemin à l'invité chargé de malheur, une autre assembla des roues aux pattes du cheval, d'autres encore tressèrent de gigantesques cordes d'étoupe et les lancèrent autour du cou du cheval de bois. Puis ils le tirèrent en triomphe à travers la ville : garçons et filles, la main posée sur la corde, chantèrent en chœur des hymnes solennels. Lorsque la machine buta sur le seuil élevé des portes, sa progression s'arrêta quatre fois et, à quatre reprises, son ventre mugit comme s'il était d'airain. Mais, comme s'ils étaient frappés de cécité, les Troyens firent monter en jubilant le monstre sur leur citadelle sacrée. Au cœur de cette joie frénétique et publique, seuls restèrent intacts le tempérament et l'esprit visionnaire de Cassandre, la voyante, la fille de la maison royale de Troie, à laquelle les dieux avaient donné ses dons. Jamais elle ne prononçait une seule parole qui ne s'accomplît pas. Mais son malheur était de ne jamais être crue. Cette fois aussi, elle avait observé des signes funestes dans le ciel et dans la nature, et elle se précipita hors du palais royal, les cheveux au vent, portée par l'esprit de la divination. Ses yeux fixes brûlaient d'une ardeur fiévreuse, sa nuque ballottait comme une branche au vent, un puissant soupir s'éleva de sa poitrine et elle cria dans les ruelles de la ville : « Malheureux que vous êtes, ne voyez-vous pas que nous descendons le chemin qui mène à l'Hadès ? Que nous sommes au bord du trépas ? Je vois la ville emplie de feu et de sang, je vois cela dévaler du cheval que vous avez fait monter sur notre citadelle en exultant. Mais vous ne me croiriez pas, même si je prononçais des mots innombrables. Vous êtes voués aux Érinyes qui se vengent de vous à cause du mariage sacrilège d'Hélène. »

En réalité, on n'avait que rires et railleries pour cette femme qui lançait ses prophéties et l'une des personnes qui la rencontra lui dit : « La pudeur de la vierge t'a-t-elle totalement abandonnée, Cassandre, es-tu devenue totalement folle pour traîner ainsi dans les rues sans voir à quel point les gens te méprisent, stupide bavarde ? Rentre chez toi avant qu'il ne t'arrive quelque chose de grave ! »

Les Troyens passèrent la moitié de la nuit à boire et à festoyer pour exprimer leur joie ; les flûtes retentirent, le bruit de la danse et du chant se propagea tout autour d'eux tout comme, entre eux, le pêle-mêle bigarré des voix des fêtards. On remplissait les coupes de vin, l'une après l'autre et jusqu'au bord, on les prenait à deux mains et on les vidait jusqu'à ce que les buveurs se mettent à bredouiller et que leur esprit plonge dans un sourd engourdissement. Enfin, ils furent tous plongés dans un profond sommeil et minuit arriva. C'est alors que Sinon, qui avait banqueté à la belle étoile avec les autres Troyens et avait finalement fait mine de dormir, se leva de sa couche, se faufila jusqu'aux portes de la cité, alluma une torche et fit darder sa flamme dans les airs, tournée vers l'île de Ténédos et les bateaux des Grecs, pour leur adresser le signal convenu. Puis il l'éteignit, rejoignit lentement le cheval et frappa doucement contre son ventre creux, comme le lui avait demandé Ulysse. Les héros entendirent ce bruit ; mais tous, aux aguets, tournèrent le regard vers Ulysse. Celui-ci les exhorta à descendre silencieusement et avec toute la prudence possible. Il retint les plus impatients, ouvrit sans aucun bruit, comme le lui avait enseigné Épéios, le verrou des portes, sortit un peu la tête et dirigea son regard attentif tout autour d'eux pour être sûr que l'un des Troyens n'était pas réveillé. Puis, comme un loup affamé se faufile doucement entre les bergers et les chiens pour entrer dans l'enclos, il descendit les barreaux de l'échelle qu'Épéios avait fabriquée en même temps que le cheval et qu'il venait de faire descendre ; puis les héros le suivirent l'un après l'autre, le cœur battant. Lorsque la cavité du cheval se fut entièrement vidée, ils agitèrent leurs lances, sortirent leurs glaives et se répandirent dans les rues et les maisons de la cité. Alors débuta l'atroce massacre des Troyens ivres et endormis par le vin ; on lança des tisons enflammés dans leurs logements et bientôt les flammes dardèrent sur les toits au-dessus de leurs têtes. Dans le même temps, un vent favorable poussa la flotte des Grecs, qui avait quitté Ténédos en apercevant le signal de la torche de Sinon, vers le port de l'Hellespont, et bientôt toute l'armée des Danéens se rua à travers la large faille du mur par laquelle on avait, la veille, fait entrer le cheval. Ils pénétrèrent dans la ville en écumant d'envie de se battre. Alors seulement, la ville conquise se remplit vraiment de ruines et de cadavres. Demi-morts et mutilés se traînaient entre les corps, ici et là seulement, on enfonçait une lance dans le dos d'un fuyard encore debout. Le hurlement geignard des chiens angoissés résonnait

LES AUTRES DEMEURÈRENT DANS LE VENTRE DE LA BÊTE, ASSIS DANS LA NUIT NOIRE, ENTRE LA MORT ET LA VICTOIRE.

dans les rues et se mêlait au gémissement des blessés, aux lamentations des femmes et aux plaintes des enfants en bas âge.

Ailleurs, le meurtre faisait rage. Devant le logis de son épouse infidèle, Hélène, Ménélas trouva Déiphobe, le fils de Priam, qui était depuis la mort d'Hector le pilier de la maison et du peuple et auquel Hélène avait été donnée en épouse après la mort de Pâris ; il se trouvait encore dans l'engourdissement du joyeux festin nocturne. À l'approche de Ménélas, Déiphobe se leva en titubant et s'enfuit dans les couloirs du palais. Mais Ménélas le rejoignit et lui enfonça son glaive dans la nuque. « Meurs donc devant la porte de mon épouse ! » cria-t-il d'une voix tonitruante. « Ah, si ma lance avait atteint celui qui a fait tout ce malheur, Pâris ! Mais celui-ci a été abattu depuis très longtemps ; et tu devais jouir de mon épouse, ô scélérat ? Sache qu'aucun criminel n'échappe au bras de Thémis, la déesse de la Justice ! » Parlant ainsi, Ménélas poussa le cadavre sur le côté et alla explorer le palais ; car son cœur, animé par des sensations contradictoires, réclamait Hélène, son épouse. Celle-ci, tremblant face à la colère de son époux légitime, se tenait cachée dans un coin obscur de la maison, et il mit du temps à la découvrir. Au premier regard qu'il porta sur elle, la jalousie le poussa à l'assassiner ; mais Aphrodite l'avait toute ornée de charme et de grâce, elle fit tomber l'épée de la main de Ménélas, chassa la colère de sa poitrine et éveilla le vieil amour dans son cœur. Il lui fut impossible de lever de nouveau le glaive lorsqu'il vit sa beauté surréelle ; sa force s'effondra et, pendant un instant, il oublia la faute dont elle s'était rendue coupable. Alors, il entendit les hommes d'Argos qui se déchaînaient derrière eux et un sentiment de honte s'empara de lui à l'idée qu'il ne se comportait pas en vengeur, mais en esclave face à son épouse infidèle. Il releva malgré lui l'épée qu'il avait jetée au sol, vainquit son penchant et marcha de nouveau vers son épouse. Mais il n'était pas sérieux au fond de son cœur et il fut donc heureux de voir surgir derrière lui son frère Agamemnon qui lui cria : « Laisse cela, mon cher frère ! Il ne sied pas que tu exécutes ton épouse légitime, par laquelle nous avons subi tant de souffrances ! C'est moins sur Hélène qu'il faut faire porter cette faute que sur Pâris, qui a violé d'une manière tellement infâme le droit de l'hospitalité. Mais celui-ci, toute sa lignée et tout son peuple sont

Au premier regard qu'il porta sur elle, la jalousie le poussa à l'assassiner.

à présent punis et anéantis ! » Ainsi parla Agamemnon, et Ménélas lui obéit, en hésitant, mais avec joie.

Tandis que tout cela se déroulait sur la Terre, les immortels, enveloppés dans de sombres nuages, déploraient la chute de Troie. Seule Héra, l'ennemie jurée des Troyens, et Thétis, la mère d'Achille, précocement défunte, jubilaient de plaisir dans leur cœur. Pallas Athéna elle-même, dont la volonté avait pourtant été accomplie avec la chute de Troie, ne put réprimer ses larmes lorsqu'elle vit Ajax, le furieux fils d'Oïlée, oser attraper dans son sanctuaire et de ses mains grossières la pieuse Cassandre, sa prêtresse, qui s'était réfugiée dans le temple d'Athéna et serrait sa statue en implorant protection, et l'en sortir en la tirant par les cheveux. La déesse n'avait certes pas le droit de soutenir la fille de ses ennemis ; mais ses joues lui brûlaient de honte et de colère. Son portrait émit une note, le sol de son sanctuaire mugit et, détournant son regard de ce sacrilège, elle jura, en son for intérieur, de venger ce méfait.

L'incendie et le massacre durèrent encore longtemps. La colonne de feu s'élevait très haut dans l'éther au-dessus de Troie ; elle annonçait la chute de la ville aux habitants de l'île et aux navires qui parcouraient la mer en tous sens.

ULYSSE

TÉLÉMAQUE ET LES PRÉTENDANTS

Le père des dieux décide du retour d'Ulysse : après des années d'errance, le roi d'Ithaque doit être autorisé à rentrer chez lui, où de nombreux prétendants de son épouse, Pénélope, gaspillent les biens du héros. Athéna conseille à Télémaque de partir à la recherche de son père, Ulysse. À ce moment-là, la nymphe Calypso le retient encore sur son île d'Ogygie.

Illustrations de William Russell Flint

Le retour des Grecs de Troie était accompli, et bon nombre des héros qui avaient échappé aux batailles pendant la guerre ou à la tempête pendant la traversée se trouvaient à présent chez eux, heureux ou malheureux. Seul Ulysse, fils de Laërte, prince d'Ithaque, était encore en errance et touché par un étrange destin. Après quelques aventures, il séjournait au loin sur une île âpre et couverte de forêts qu'on nommait Ogygie et où une haute nymphe, la déesse Calypso, fille d'Atlas, le tenait prisonnier dans sa grotte parce qu'elle voulait en faire son époux. Mais lui resta fidèle à l'épouse abandonnée, la noble Pénélope ; et les dieux finirent eux aussi par se lamenter sur son sort. Seul Poséidon, dieu de la Mer et vieil ennemi des Grecs, éprouvait pour ce héros une colère que rien ne pouvait apaiser, et s'il n'osait pas l'éliminer, la divinité mettait toutefois toute sorte d'obstacles au retour du héros et le poussait dans l'errance. C'est donc lui aussi qui l'avait jeté sur cette île inhospitalière.

Mais voilà qu'il fut décidé, au conseil des Célestes, qu'on devait à présent délivrer Ulysse des liens que lui avait imposés la princesse Calypso. À la demande d'Athéna, Hermès, le messager des dieux, fut envoyé dans l'île d'Ogygie pour annoncer à la belle nymphe la délibération irrévocable de Zeus : celui qui avait tant enduré allait revenir dans sa patrie. Athéna elle-même noua à ses pieds ses sandales d'or ambrosiennes qui lui permettait de voler au-dessus de l'eau et des terres, saisit sa lance puissante à la pointe d'airain, affûtée et solide, celle avec laquelle elle avait vaincu tant de héros dans la bataille, s'élança comme une tempête depuis le sommet rocheux de l'Olympe et se retrouva bientôt sur l'île d'Ithaque, sur la côte occidentale de la Grèce, devant le palais du lointain Ulysse, au seuil de la cour, là où le chemin menait à la haute porte de la maison royale. Sa figure divine était transformée et, la lance à la main, elle ressemblait au courageux Mentès, le roi des Taphiens.

L'ambiance était triste dans la maison d'Ulysse. La belle Pénélope, la fille d'Icarios, n'était plus la maîtresse du palais abandonné. Comme Ulysse était le seul à ne pas être revenu, alors que la chute de Troie et le retour des autres héros avaient eu lieu depuis longtemps, la légende de sa mort se propagea peu à peu et de plus en plus sûrement, et il se trouvait chez Pénélope pas moins de douze prétendants,

Athéna elle-même noua à ses pieds ses sandales d'or ambrosiennes, saisit sa lance puissante et s'élança depuis le sommet rocheux de l'Olympe.

venus de l'île d'Ithaque elle-même où habitaient encore d'autres gens puissants et riches que le prince Ulysse, ainsi que vingt autres venus de Zakynthos et même cinquante-deux issus de Doulichion, avec un héraut, un chanteur, deux cuisiniers expérimentés et une grande escorte d'esclaves. Sous prétexte de demander la main de la jeune veuve, tous vivaient dans la maison et se nourrissaient des biens du prince absent, aussi pétulants qu'insolents ; et ce scandale durait depuis plus de trois ans déjà.

Lorsque Athéna se présenta sous les traits de Mentès, elle trouva ces prétendants cossus à la porte de la maison, occupés à des jeux de table ; ils étaient assis sur les peaux de bœufs qu'elle avait personnellement sortis des étables d'Ulysse et abattus. Une servante apporta dans une cruche d'or de l'eau destinée à laver les mains de l'étranger ; l'honorable servante servit du pain et de la viande, un serviteur découpa les mets et le héraut fit le tour des coupes en or pour y verser le vin. Peu après, les prétendants entrèrent eux aussi l'un après l'autre et s'assirent sur de luxueux fauteuils ; les hérauts leur humectèrent les mains, les servantes leur tendirent du pain dans des corbeilles, les serviteurs leur remplirent leurs coupes à ras bord et ils s'abattirent sur le repas succulent, alors même qu'ils sortaient d'un festin. Puis elle eut envie de danser la ronde et de chanter, le héraut tendit la harpe gracieuse au chanteur Phémios et celui-ci, contraint par les prétendants intraitables, joua sur les cordes et entonna un chant qui réjouissait le cœur.

« TOUS CES HOMMES DU VOISINAGE FONT LA COUR À MA MÈRE ET CONSOMMENT NOS BIENS. »

Tandis que ceux-ci écoutaient attentivement le chant, Télémaque pencha sa tête près de celle de son hôte et chuchota à l'oreille de la déesse métamorphosée : « Ce que je vais te dire ne te mettra-t-il pas en colère, cher ami et hôte ? Vois-tu comment ces gens, ici, gaspillent sans contrepartie des biens qui ne leur appartiennent pas ? Les biens de mon père, dont les ossements pourrissent peut-être sous la pluie, au bord de la mer, ou sont ballottés sur les flots ? Il ne reviendra sans doute pas chez lui pour les punir ! – Mais toi, noble étranger, où loges-tu, où sont tes parents ? Es-tu peut-être un hôte que connaissait déjà mon père ? » « Je suis Mentès, fils d'Anchiale, et je règne sur l'île de Taphos. Je suis venu parce que je croyais que ton père était revenu chez lui. Tel n'est cependant pas le cas ; et pourtant il vit certainement encore : il est sans doute arrivé sur une quelconque île sauvage où on le retient par la force. Mieux, mon sens de la prédiction me le dit, il ne séjourne plus, il ne va pas tarder à partir et à rentrer ici ! »

« Mais toi, tu es vraiment le fils de ton père, cher Télémaque ! Comme ta tête ressemble à la sienne, surtout aux yeux aimables ! Car, sache-le, j'ai connu ton père avant qu'il ne parte attaquer Troie. Je ne l'ai plus revu depuis. Mais dis-moi, qu'est-ce que ce remue-ménage dans ta maison ? Es-tu en train de donner un festin, ou de célébrer des noces ? »

Télémaque répondit d'un soupir : « Ah, mon cher hôte, jadis on pouvait encore dire que notre maison était bien vue et fortunée, mais il en va autrement aujourd'hui ; tous ces hommes du voisinage que tu vois ici font la cour à ma mère et consomment nos biens. Elle-même ne peut ni repousser ni accomplir un remariage dont l'idée lui fait horreur. Pendant ce temps-là, ces pique-assiette dévastent ma maison et ils ne tarderont pas à me tuer moi-même ! » Pris d'une douleur courroucée, la déesse répondit : « Malheur, comme tu as besoin de ton père, jeune garçon ! Je te recommande fortement de réfléchir à la manière de chasser du palais cet essaim d'importuns ! Permets-moi de te donner un conseil. Demain, lève-toi parmi eux et ordonne-leur de se disperser, chacun chez soi. Mais dis à ta mère que si son propre cœur désire un mariage, qu'elle revienne dans le palais de son père royal ; là, qu'on arrange les noces et que l'on prépare le présent de la mariée. Mais toi, arme le meilleur navire que tu possèdes avec vingt rameurs et mets-toi en route pour chercher le père longtemps absent.

Pendant ce temps-là, dans la salle, on continuait à jouer de la lyre et à chanter. Le chanteur racontait le triste retour des Grecs venus de Troie, et tous les prétendants écoutaient attentivement. De l'autre côté, dans la chambre haute, Pénélope était

On trouvait chez Pénélope de nombreux prétendants escortés d'une pléïade d'esclaves qui tous vivaient dans la maison et se nourrissaient des biens du prince absent.

assise, solitaire, et l'écho du chant montait jusqu'à elle. Alors, elle descendit elle aussi avec deux servantes les marches qui menaient de son logis, situé en hauteur, vers la salle ; mais elle le fit enveloppée d'un voile épais ; l'une des servantes était à son côté et elle commença à dire en pleurant, tournée vers Phémios, le chanteur : « Tu connais bien d'autres chants pour rafraîchir le cœur, ô bon chanteur ! Réjouis-les avec ceux-là ; mais ce chant de lamentation qui me comprime toujours le cœur sous la poitrine, laisse-le au repos ! Même sans cela, je pense constamment à l'homme dont la gloire traverse toute la Grèce et qui n'est toujours pas revenu ! » – Mais Télémaque dit d'un ton aimable à sa mère : « Ne blâme pas ce cher chanteur de nous réjouir avec ce qui lui enflamme le cœur à cet instant précis. Ce n'est pas au

« Toi-même, chère mère, reviens dans les quartiers des femmes, accomplis-y tes tâches, le fuseau et le métier à tisser, et dirige l'ouvrage quotidien de tes femmes ! »

chanteur qu'il faut faire porter la faute, mais à Zeus qui leur insuffle les chants et les enthousiasme comme il le veut ! Laisse-le donc continuer à chanter la souffrance des Danéens ! Ulysse n'est pas le seul à avoir raté le jour du retour ; combien d'autres Grecs ont péri ! Toi-même, chère mère, reviens dans les quartiers des femmes, accomplis-y tes tâches, le fuseau et le métier à tisser, et dirige l'ouvrage quotidien de tes femmes ! C'est aux hommes que revient le dernier mot, et surtout à moi, qui dois exercer le gouvernement de la maison. »

Pénélope s'étonna à l'écoute du discours intelligent et déterminé du petit garçon, qu'elle n'avait jadis jamais entendu parler ainsi et qui semblait avoir mûri d'un seul coup pour devenir un jeune homme ; elle rentra dans sa chambre haute et y pleura son époux dans la solitude. Mais Télémaque se confronta aussi aux prétendants qui se mettaient à faire les fous et trouvaient dans le vin des sottises à raconter. Il lança d'une voix forte à l'assemblée : « Réjouissez-vous du repas, ô prétendants, mais ne me faites pas tant de bruit, car c'est un plaisir d'écouter le chanteur dans le calme ! Demain, nous tiendrons l'assemblée du conseil ; je compte vous faire la proposition franche et libre de rentrer chez vous ; car le temps est venu de vous réchauffer à vos propres biens et de ne plus gaspiller entièrement l'héritage de l'homme étranger. »

Les prétendants se mordirent les lèvres en entendant de tels propos et furent profondément étonnés par les paroles déterminées du jeune homme. Mais ils ne voulurent pas entendre parler de sa proposition d'aller chez le père de Pénélope, Icarios, et continuèrent obstinément à se quereller avec lui. Ils partirent enfin, et Télémaque, lui aussi, alla se reposer.

ULYSSE

CALYPSO

Calypso se plie au désir de Zeus :
Hermès, le messager des dieux, apporte à la nymphe la décision du père des dieux sur le retour d'Ulysse. Lorsque Poséidon le découvre sur un radeau, il fouille la mer avec son trident et envoie des ouragans qui réduisent l'embarcation en miettes. Nu et à demi-mort, Ulysse parvient tout juste à se réfugier sur la rive d'une île qu'il ne connaît pas.

Illustration de Newell Convers Wyeth

Le messager de Zeus, Hermès, s'éleva de l'éther pour rejoindre la mer, fendit les vagues comme une mouette et, comme il avait été décidé dans l'assemblée des dieux, arriva à Ogygie, l'île de Calypso. Il y trouva bien chez elle la nymphe aux belles boucles. Une flamme brûlait dans l'âtre et la vapeur du bois de cèdre coupé qui se consumait roulait sur l'île en dégageant une odeur épicée. Mais Calypso chantait d'une voix sonore dans sa chambre tout en ouvrageant un splendide tissu avec son métier d'or. La grotte dans laquelle se trouvaient ses quartiers était ombragée par un bosquet verdoyant peuplé d'aulnes, de peupliers et de cyprès où nichaient des oiseaux aux couleurs vives, des autours, des chouettes et des corneilles. Une vigne s'étalait aussi sur la courbure rocheuse, pleine de raisins en maturation qui pointaient sous le feuillage épais. Quatre sources jaillissaient à proximité et serpentaient çà et là en bon voisinage ; irriguées par celles-ci, des prairies vertes et rebondies, jonchées de violettes, d'aches et d'autres herbes et fleurs.

Le messager des dieux admira la magnifique situation du logement de la nymphe ; puis il se rendit dans la vaste crevasse. Calypso aperçut la silhouette qui se rapprochait et la reconnut aussitôt ; car aussi loin qu'ils habitent, l'apparence des dieux éternels n'est pas inconnue. Hermès ne trouva cependant pas Ulysse dans la maison. Il était assis sur le rivage, comme il en avait l'habitude, et regardait la mer déserte, nostalgique, les larmes aux yeux.

Lorsque Calypso entendit le message du dieu, qu'elle avait chaleureusement accueilli, elle resta d'abord bouche bée et finit par répondre : « Ô vous, dieux cruels et jaloux ! Ne tolérez-vous donc pas qu'une immortelle prenne un mortel pour cher époux ? Vous me reprochez ma relation avec l'homme que j'ai sauvé de la mort lorsqu'il a été projeté contre ma côte, blotti contre la coque fracassée de son navire ? Tous ses courageux amis avaient disparu dans l'abîme ; son bateau avait été touché par l'éclair ; il nageait, solitaire, parmi les débris. J'ai reçu aimablement le pauvre naufragé, je l'ai nourri pour lui redonner des forces, mieux, je lui ai finalement promis de lui offrir l'immortalité et la jeunesse éternelle. Mais puisque je ne peux trouver aucune échappatoire à la décision de Zeus, eh bien, qu'il reparte sur la mer

« Pauvre ami, ta vie ne doit pas s'écouler plus longtemps dans la mélancolie. Je te libère. »

infinie ! Seulement, n'exigez pas de moi que je le renvoie moi-même ; mes navires manquent d'équipage et de rames ! Il ne manquera cependant pas de mes bons conseils pour rejoindre sain et sauf le rivage de son pays natal. »

Hermès fut sans doute satisfait de cette réponse et repartit en hâte sur l'Olympe. Calypso, quant à elle, se rendit au bord de la mer, où Ulysse, assis, remâchait sa tristesse, et lui dit : « Pauvre ami, ta vie ne doit pas s'écouler plus longtemps dans la mélancolie. Je te libère. Lève- toi, taille de puissantes poutres, assemble-les avec de l'airain pour faire un radeau et clôture-le de hautes planches ! J'y déposerai moi-même toute sorte de délectations, de l'eau, du vin et des mets, je te pourvoirai en vêtements et je t'enverrai, de la terre, des vents favorables ; puissent les dieux te ramener heureusement dans ta patrie ! »

Méfiant, Ulysse dévisagea la déesse et dit : « Assurément, tu as autre chose à l'esprit, belle nymphe. Jamais je ne monterai sur un radeau avant que tu ne me jures par les grands dieux que tu ne me réserves pas un mauvais tour quelconque ! » Mais Calypso sourit et, lui caressant doucement la main, elle répondit : « Ne t'angoisse pas avec de telles vaines pensées ! Que la terre, le ciel et le Styx soient témoins que je n'ai aucune mauvaise intention à mon égard. Je te conseille ce que j'imaginerais pour moi-même si j'étais dans la détresse. » Et, sur ces mots, elle passa devant lui, Ulysse suivit et, dans la grotte, elle prit encore une fois le plus tendre congé de lui.

Le radeau ne tarda pas à être assemblé, et le cinquième jour, la voile d'Ulysse battait au vent. Lui-même était à la barre et, fort de son expérience, fendait les flots. Aucun sommeil ne lui fermait les yeux, il regardait constamment les astres célestes et s'orientait en fonction des signes que lui avait indiqués Calypso lors de son départ. Il vogua ainsi à travers la mer pendant dix-sept jours. Le dix-huitième jour, lui apparurent enfin les sombres montagnes du pays phéacien qui s'étendaient devant lui, aussi maussades qu'un bouclier dans la mer obscure. C'est alors qu'il fut remarqué par Poséidon, qui revenait tout juste d'Éthiopie et franchissait les montagnes des Solymiens. Il n'avait pas assisté au dernier conseil des dieux et constata que ceux-ci avaient profité de son absence pour tirer Ulysse de son ornière. « Eh bien », se dit-il, « je lui réserve encore suffisamment de misères ! » Alors, il regroupa

les nuages et appela les océans à s'affronter, si bien que la mer et la terre furent entièrement enveloppées par l'obscurité. Tous les vents sifflaient autour du navire d'Ulysse, son cœur et ses genoux tremblaient et il se mit à se lamenter de ne pas avoir trouvé la mort par les javelots des Troyens. Il soupirait encore lorsqu'une vague s'abattit bruyamment sur lui et entraîna le radeau dans un tourbillon. Lui-même tituba loin de son embarcation ébranlée, la barre lui échappa des mains et le radeau fut bientôt en morceaux : le mât et les cordages de la voile dérivaient, épars, sur la mer en rage. Mais Ulysse avait disparu sous le ressac et ses vêtements trempés le tiraient de plus en plus vers le fond. Enfin, il émergea de nouveau, cracha l'eau salée qu'il avait avalée et suivit à la nage les débris du radeau, dont il finit par atteindre sain et sauf le fragment principal, au milieu duquel il se coucha. Alors qu'il dérivait sur le radeau en pièces comme un chardon au vent, la déesse de la mer, Leucothée, l'aperçut et prit pitié de ce pauvre homme qui en endurait tant. Elle sortit du tourbillon comme une poule d'eau, s'assit sur les poutres et lui dit : « Accepte mes conseils, Ulysse ! Ôte ton habit et abandonne le radeau à la tempête ; passe vite mon voile comme une ceinture autour de ta poitrine et ensuite méprise en nageant toutes les terreurs de la mer ! » Ulysse prit le voile ; la déesse disparut, et bien qu'il se fût méfié de cette apparition, il obéit à son conseil. Tandis que Poséidon lui envoyait la vague la plus sauvage, qui démantela totalement le fragment du radeau, Ulysse s'assit comme un cavalier sur l'une des poutres, ôta le long habit que Calypso lui avait offert et qui l'alourdissait, et sauta à l'eau, le voile à la ceinture.

Poséidon secoua la tête, l'air grave, lorsqu'il vit l'homme déterminé oser ce plongeon, et il dit : « Eh bien, erre donc à travers les flots, encerclé par les lamentations ! En vérité, tu vas avoir encore bien assez de misère à déguster ! » Sur ces mots, le dieu quitta la mer et se retira dans son palais. Ulysse resta encore deux jours et deux nuits dans l'eau, poussé au gré des flots ; il aperçut alors un rivage boisé où le ressac tonnait contre les écueils, et une vague haute le porta au sol avant même qu'il n'ait pu prendre une décision. Des deux mains, il saisit un rocher ; mais, voici qu'une vague arriva et le renvoya brutalement dans la mer. Il chercha de nouveau son salut dans la nage et trouva enfin une rive praticable et aux eaux peu profondes où un petit fleuve se déversait dans la mer. Il y implora le dieu de ce cours d'eau, qui l'entendit, apaisa le flot et lui permit d'atteindre la terre en nageant. Il s'effondra au sol, sans voix, sans souffle, l'eau de mer lui coulait de la bouche et du nez, et, figé par l'effort épouvantable qu'il avait produit, il sombra dans l'inconscience.

Lorsqu'il se remit à respirer et reprit connaissance, il défit avec gratitude le voile de la déesse Leucothée et le renvoya dans les flots pour que celle qui le lui avait donné puisse le reprendre ; puis il se jeta sous les joncs et embrassa la terre retrouvée. L'homme nu avait froid et l'air de la nuit soufflait, tranchant, du levant. Il décida de monter sur la colline et de se cacher dans la forêt toute proche. Il y trouva un lieu de repos entre deux oliviers noueux et denses, un sauvage et un domestique, tellement feuillus qu'aucun vent, aucune pluie ni aucun rayon du soleil n'y pénétraient jamais. Ulysse s'y prépara une couche avec les masses de feuilles tombées, s'y allongea et se recouvrit d'autres feuilles. Un sommeil bienfaisant se déposa bientôt sur ses paupières et lui fit oublier toute la souffrance qu'il avait surmontée et celle qui l'attendait encore.

ULYSSE

POLYPHÈME

*Seule une ruse sauve les compagnons de voyage :
le cyclope Polyphème enferme Ulysse et ses compagnons dans sa caverne
et en dévore quelques-uns. Enfin, les autres parviennent à enivrer le géant
avec du vin et à l'aveugler, une fois endormi, avec un pieu en bois.
Après une fuite aventureuse hors de la caverne, ils rejoignent leur navire.*

Illustrations de John Flaxman, Zdeněk Burian
et Newell Convers Wyeth

« Le lendemain matin, l'envie me prit d'explorer le pays qui nous faisait face ; j'ignorais encore comment étaient faits ses habitants, les cyclopes. Je m'y rendis donc, à bord de mon navire, avec de nombreux camarades. Lorsque nous y débarquâmes, nous vîmes, sur la plage la plus éloignée, un gouffre rocheux haut et voûté, entièrement plongé dans l'ombre des buissons de lauriers, et où moutons et chèvres avaient l'habitude de se reposer ; tout autour, on avait construit un enclos avec des pierres sèches et de hauts troncs d'épicéas et de chênes. Dans cet enclos habitait un homme à la stature gigantesque qui menait seul le troupeau sur les lointains pâturages, sans jamais avoir de relations avec quiconque, pas même avec ses pareils, et qui ne pensait jamais qu'à commettre des actes malveillants et scélérats. Il s'agissait justement d'un cyclope. Tandis que nous scrutions le rivage, nous prîmes conscience de tout cela. Je choisis alors douze de mes compagnons les plus braves, je laissai les autres à bord pour garder le navire et j'emportai une outre pleine du meilleur vin, qu'un prêtre d'Apollon m'avait offerte dans la ville ciconienne d'Ismara parce que nous l'avions épargné, lui et sa maison.

Enfin, portant sur ses épaules de géant une charge monstrueuse de bûches sèches qu'il avait ramassées pour faire cuire son dîner, le géant s'approcha. Il les jeta par terre avec un fracas épouvantable qui nous fit tous sursauter de peur et nous cacher dans le recoin le plus éloigné de la grotte. Comme tous les cyclopes, il n'avait qu'un seul œil étincelant sur le front, des jambes comme des troncs de chênes millénaires, des bras et des mains suffisamment grands et forts pour jouer à la balle avec des blocs de granit.

'Qui êtes-vous, étrangers ?' nous demanda-t-il de sa voix rauque qui retentit comme un coup de tonnerre dans la montagne. 'D'où êtes-vous venus en traversant la mer ? Votre métier est-il la piraterie, ou bien que faites-vous ?' Ce hurlement nous fit trembler le cœur dans la poitrine. Mais je me repris et répondis : 'Mais non, nous sommes des Grecs, nous revenons de Troie, que nous avons détruite, et nous nous sommes égarés en mer pendant notre trajet de retour. Voilà pourquoi nous approchons de tes genoux et t'implorons de nous accorder ta protection et de nous faire un don. Oui, cher homme, crains les dieux et écoute-nous ! Car Zeus prend sous son aile ceux qui implorent protection et venge ceux qu'on a maltraités !'

Mais le cyclope répondit avec un rire affreux : 'Tu es un vrai fou, ô l'étranger, et tu ne sais pas à qui tu as à faire. Penses-tu que nous nous soucions des dieux et de leur vengeance ? Qu'importent aux cyclopes Zeus le porteur de tonnerre et les dieux, tous autant qu'ils sont ! Nous sommes bien plus insignes qu'eux ! Si mon cœur ne le veut pas, je n'épargnerai ni toi ni tes amis ! Mais dis-moi à présent où tu as dissimulé le navire sur lequel tu es arrivé. Où est-il ancré, près ou loin d'ici ?' demanda le fourbe cyclope – mais je trouvai bientôt une invention maligne à lui servir. 'Mon bateau, bon homme', répondis-je, 'a été jeté par Poséidon, celui qui secoue la terre, sur des écueils situés non loin de vos rivages, et a été mis en pièces ; j'en suis le seul rescapé, avec ces douze compagnons.'

« TU ES UN VRAI FOU, Ô L'ÉTRANGER, ET TU NE SAIS PAS À QUI TU AS À FAIRE. »

Lorsque le monstre se fut rempli la panse et eut apaisé sa soif avec du lait, il se jeta de tout son long sur le sol de la caverne ; je me demandai alors si nous ne devions pas, à présent, lui sauter dessus et lui enfoncer le glaive entre le diaphragme et le foie. Mais j'eus vite une meilleure idée. À quoi en effet cela nous aurait-il servi ? Enfin me vint une pensée qui n'était pas mauvaise. À l'intérieur, dans la bergerie, se trouvait la puissante massue du cyclope, en bois d'olivier vert ; il l'avait coupée pour la porter le jour où elle serait devenue sèche ; par sa longueur et son épaisseur, elle nous fit l'effet d'un mât de grand bateau. Je taillai dans cette massue un pieu de l'épaisseur que peut entourer un bras, je le tendis à mes amis et leur demandai de le polir, puis je l'affûtai parfaitement à son extrémité et le brûlai à la flamme pour le durcir. Je dissimulai avec le plus grand soin ce pieu dans le foin entassé dans la grotte. Puis mes compagnons tirèrent au sort celui qui devrait aller avec moi tourner le pieu enflammé dans l'œil du monstre quand il sommeillerait. Le destin

« Prends cela, Cyclope, et bois ! »

désigna justement les quatre plus braves parmi les amis que j'avais moi-même choisis ; et j'étais le cinquième.

Le soir, l'épouvantable berger revint avec son troupeau ; cette fois, il ne laissa rien dans sa cour, mais poussa tout son troupeau pêle-mêle à l'intérieur de la caverne ; peut-être soupçonnait-il quelque chose, à moins qu'un dieu en ait décidé ainsi pour notre bien, comme vous allez bientôt le voir. Pour le reste, il remit la pierre dans l'ouverture comme à l'ordinaire, fit tout le reste comme à son habitude et dévora aussi deux d'entre nous. Pendant ce temps-là, j'avais rempli une cruche en bois avec le vin sombre de mon outre. Je m'approchai du monstre et lui dis : 'Prends cela, Cyclope, et bois ! Le goût du vin est admirable sur la chair humaine. Il faut

Le cyclope prit la cruche sans dire un mot.

que tu saches quelle boisson remarquable nous transportions sur notre navire. Je l'ai apportée pour te le donner si tu faisais preuve de pitié envers nous et nous laissais rentrer chez nous. Mais il est vrai que tu es un effroyable forcené ; comment un autre humain pourrait-il te rendre visite à l'avenir ? Non, tu ne t'es pas comporté comme il faut avec nous !'

Le cyclope prit la cruche sans dire un mot et la vida à grands traits assoiffés ; on vit le ravissement dans lequel le mettaient la douceur et la force de la boisson. Lorsqu'il eut terminé, il dit, en faisant pour la première fois preuve d'amabilité : 'Étranger, donne-m'en encore ; et dis-moi aussi comment tu t'appelles, pour que je puisse te faire immédiatement le plaisir d'un cadeau d'invité. Car nous aussi, les cyclopes, nous avons du vin, ici. Mais pour que tu saches toi aussi qui tu as devant toi : Polyphème est mon nom.' Ainsi parla le cyclope, et je lui redonnai volontiers à boire. Mieux, je remplis sa cruche à ras bord trois fois de suite, et à trois reprises il la vida stupidement. Lorsque le vin commença à lui embrumer l'esprit, je demandai avec malice : 'Tu veux connaître mon nom, cyclope ? Je porte un nom étrange. Je suis Personne ; le monde entier m'appelle Personne, ma mère, mon père m'appellent ainsi, comme tous mes amis.' Sur quoi le cyclope répondit : 'Je vais à présent te remettre ton cadeau d'invité : Personne, je ne le dévorerai qu'à la fin, après tous ses compagnons d'embarcation. Es-tu satisfait de ce cadeau, Personne ?'

Le cyclope ne fit plus qu'ânonner ces derniers mots ; puis il se pencha en arrière et tituba jusqu'à se retrouver presque entièrement par terre. La nuque grasse recourbée, il plongea dans le sommeil en ronflant. Ivre comme il l'était, du vin et de la chair humaine lui ressortaient par la gueule. Je plongeai alors rapidement le pieu dans la braise jusqu'à ce qu'il prenne feu et lorsqu'il se mit à projeter des étincelles, je le sortis et, avec les quatre amis qu'avait désignés le sort, nous lui enfonçâmes profondément la pointe dans l'œil ; quant à moi, dressé au-dessus de lui, je fis tourner le pieu comme un charpentier perce une poutre de navire. Le blessé poussa un hurlement atroce, si puissant que toute la caverne en résonna ; et nous, tremblant de peur, nous nous réfugiâmes dans les recoins les plus extrêmes de la grotte. Puis il émit un nouveau cri retentissant et appela ses frères de tribu, les cyclopes qui logeaient aux alentours dans la montagne. Ceux-ci arrivèrent de toute part, encerclèrent la grotte et voulurent savoir ce qui était arrivé à leur frère. Mais lui hurla de l'intérieur de la grotte : 'Personne, Personne me tue, mes amis ! Personne le fait par la ruse !' Lorsque les cyclopes entendirent cela, ils dirent : 'Eh bien, si personne ne te fait de mal, s'il n'y a pas une âme pour t'agresser, pourquoi cries-tu donc ainsi ? Tu es sans doute malade ; mais nous, les cyclopes, nous n'avons pas de remèdes contre les maladies !' Ils crièrent ainsi et repartirent à grands pas. Mais moi, j'avais le cœur secoué par le rire.

Pendant ce temps-là, le cyclope aveugle avançait à tâtons dans sa caverne, en geignant toujours de douleur. Mais moi, je soupesai mille plans avant de trouver le bon. Il y avait en effet autour de nous des béliers engraissés et portant le lainage le plus dense qui fût, de grands animaux rebondis. Je les attachai dans le plus grand secret, trois par trois, avec les verges du tressage d'osier sur lequel dormait le cyclope ; et dans chaque cas, celui du milieu portait l'un de nos hommes accrochés à la laine de son ventre tandis que les deux autres béliers, à droite et à gauche, avançaient au trot en protégeant le poids qu'ils portaient secrètement. Quant à moi, je choisis le bélier le plus puissant, celui qui dépassait de loin tous les autres. Je l'attrapai par le dos, me laissai rouler sous son ventre et m'agrippai aux flocons de laine frisée. Ainsi suspendus aux béliers, nous attendîmes le matin en réprimant nos soupirs. Il vint et le troupeau des mâles fut le premier à sortir de la caverne pour rejoindre le pâturage. Seules les brebis bêlaient encore dans la bergerie, avec leurs pis débordant. Leur maître affligé palpa soigneusement chaque bélier qui sortait pour vérifier qu'aucun fugitif ne s'y dissimulait ; dans sa bêtise, il ne pensa pas au ventre et à ma ruse.

« MALHEUR À MOI ! AINSI, L'ANCIENNE PRÉDICTION QU'ON M'AVAIT FAITE S'EST DONC ACCOMPLIE ! »

C'est ainsi que le cyclope laissa sortir les béliers. Désormais, nous étions tous dehors. Dès que nous fûmes un peu éloignés de cette cavité rocheuse, je commençai par me séparer de mon bélier et détachai ensuite mes amis. Nous n'étions hélas plus que sept, nous nous donnâmes l'accolade avec une joie chaleureuse et pleurâmes ceux que nous avions perdus. Mais je leur fis comprendre d'un signe que nul ne devait pleurer bruyamment et qu'ils devaient vite se mettre en marche derrière moi, avec les béliers, volés, pour rejoindre notre navire. C'est seulement lorsque nous fûmes assis à nos bancs de rameurs, et que nous eûmes commencé à fendre les vagues, éloignés de la rive d'un appel de héros, que je criai mon discours moqueur au cyclope, lequel remontait avec son troupeau la colline située près du rivage : 'Eh bien, cyclope, les accompagnateurs que tu as dévorés dans ta caverne n'étaient pas ceux d'un mauvais homme ! Tu as enfin payé tes actes scélérats et tu as ressenti la punition de Zeus et des dieux !'

Lorsque le forcené entendit ces mots, son courroux devint encore bien plus puissant. Il arracha tout un bloc rocheux de la montagne et le jeta en direction de notre navire. Il avait du reste si bien visé qu'il manqua de peu notre timonier. Mais le bloc qui s'était abattu dans la mer gonfla les flots et le mouvement de ressac ramena notre vaisseau sur le rivage. Il nous fallut ramer de toutes nos forces pour pouvoir de nouveau échapper au monstre et avancer. Je me mis alors à crier de nouveau, bien que mes amis, craignant un deuxième jet de pierre, ait voulu m'en dissuader par la force. 'Écoute, cyclope', criai-je, 'si jamais un enfant d'homme te demande un jour qui a rendu ton œil aveugle, tu devras donner une meilleure réponse que celle que tu as fournie aux cyclopes ! Dis-lui seulement : Celui qui m'a aveuglé est le destructeur de Troie, Ulysse, fils de Laërte, qui vit sur l'île d'Ithaque !' Ainsi criai-je, et de l'autre côté le cyclope cria à son tour : 'Malheur à moi ! Ainsi, l'ancienne prédiction qu'on m'avait faite s'est donc accomplie ! Car jadis se trouvait parmi nous un devin nommé Télémos, fils d'Eurymos, qui a vieilli ici, au pays des cyclopes. Celui-ci m'a prédit que je perdrais un jour la vue à cause d'Ulysse. Je m'étais toujours figuré que je verrais arriver un homme gigantesque, aussi grand et aussi fort que je le suis moi-même, et qu'il devrait se mesurer à moi au combat. Et voilà qu'est venu ce gamin, ce faiblard, qui m'a hypnotisé avec du vin et, dans mon ivresse, a rendu mon œil aveugle !'

Il prit alors un deuxième rocher, encore plus gros, et le catapulta dans notre direction. Cette fois aussi, il nous manqua de peu.

Il prit alors un deuxième rocher, encore plus gros, et le catapulta dans notre direction. Cette fois aussi, il nous manqua de peu. Mais nous résistâmes au contrecoup des flots et continuâmes à ramer obstinément vers l'avant. Nous fûmes bientôt arrivés près de l'île où les autres navires étaient amarrés dans une crique et où nous attendaient nos amis, qui, tristement, avaient déjà débarqué sur la plage. Lorsque nous accostâmes, ils nous accueillirent avec force cris de joie. Quand nous fûmes à terre, notre première tâche fut de répartir entre nos amis le troupeau que nous avions volé au cyclope. Mais mes compagnons m'offrirent par avance, sur le butin, le bélier contre le ventre duquel je m'étais échappé. Je le sacrifiai aussitôt à Zeus et brûlai à son intention le gigot de l'animal. Mais le dieu dédaigna le sacrifice et ne nous laissa pas le rendre bienveillant à notre égard. Sa décision était que tous nos navires devaient couler, et avec eux tous mes amis, moi excepté.

Mais de cela, nous n'avions aucune idée. Nous restâmes au contraire les uns avec les autres, joyeux, jusqu'à ce que le soleil plonge dans la mer, à ripailler et à boire comme si nous étions débarrassés de tous nos soucis. Puis nous nous allongeâmes sur la plage et nous endormîmes au battement des vagues. »

ULYSSE

CIRCÉ

Il n'est presque aucune herbe qui puisse résister au charme de la magicienne : sur l'île Ééa, beaucoup de compagnons se laissent prendre au filet de la magicienne Circé. Ils sont transformés en cochons. Pour éviter ce destin à Ulysse, Hermès lui donne une herbe médicinale qui le protège de la magie. Au bout du compte, il parvient aussi à sauver ses camarades ensorcelés et Circé les laisse tous partir en paix.

Illustrations de Virginia Frances Sterrett et William Russell Flint

« Nous reprîmes alors notre route sur un unique navire et arrivâmes de nouveau sur une île nommée Ééa. Elle était habitée par une très belle demi-déesse, une enfant du dieu du soleil et de la fille d'Océan, Persé, sœur du roi Aiétès. Elle s'appelait Circé et avait sur l'île un palais somptueux. Mais nous ne savions rien d'elle. Nous entrâmes dans une crique de l'île, jetâmes l'ancre et, fatigués par l'effort, emplis de lassitude et de tristesse, nous nous allongeâmes dans l'herbe du rivage. Au troisième matin, armé de mon glaive et de ma lance, je partis en exploration dans le pays. Je finis par remarquer la présence d'une fumée, et celle-ci montait du palais de Circé. Je ne suivis cependant pas la piste tout de suite ; avisé par les dangers précédents, je commençai par revenir auprès de mes amis et j'envoyai des guetteurs. Aucun de nous n'avait plus reçu de nourriture suffisante depuis longtemps. Alors que je rentrais, l'un des dieux prit pitié de nous et envoya sur mon chemin un cerf à l'ample ramure qui, assoiffé, dévalait la forêt à grands bonds pour rejoindre le torrent. Je le tirai en pleine course en l'atteignant au milieu de l'échine avec ma lance, qui ressortit en bas, de son ventre. Puis, le pied calé sur l'animal, je sortis l'arme de la blessure, me fis une corde avec des baguettes de saule, la nouai autour des pattes de l'animal et le portai ainsi, noué autour de ma nuque, jusqu'au navire ; ce poids hors du commun me forçait à m'appuyer sur ma lance pour marcher.

Mes accompagnateurs bondirent de joie lorsqu'ils aperçurent sur mes épaules la belle proie que je rapportais de la forêt. L'animal fut rapidement dépecé et l'on prépara un festin en rassemblant tout ce que l'on pouvait trouver comme pain et comme vin sur le navire. Je leur parlai alors de la fumée que j'avais découverte. Mais cela fit perdre leur courage à mes amis, car ils ne purent s'empêcher de penser à la grotte du cyclope et au port du roi des Lestrygons, où l'espoir nous avait, dans les deux cas, si cruellement égarés. Moi seul restai courageux parmi leurs larmes. Je répartis tous mes compagnons, pour ce qu'il m'en était resté, en deux troupes, et me mis à la tête de la première en nommant Euryloque chef de la deuxième. Puis nous tirâmes au sort dans un casque d'airain. Le destin désigna Euryloque, qui dut se mettre immédiatement en marche avec vingt-deux compagnons, lesquels ne le suivirent qu'en soupirant, dans la direction où j'avais vu monter la fumée.

Ce groupe ne tarda pas à trouver le palais de la déesse Circé, splendide bâtiment en pierres de taille, dissimulé dans une gracieuse vallée de l'île. Mais quelle ne fut pas la surprise de mes compagnons lorsqu'ils virent se promener devant la clôture de la cour et la porte de la maison d'habitation des loups aux dents pointues et des lions à la crinière hirsute. Ils aperçurent avec angoisse les monstres hideux et se demandèrent aussitôt comment ils pourraient fuir au plus vite ce lieu maléfique. Mais ils étaient déjà encerclés par les animaux sauvages. Ceux-ci, toutefois, ne leur firent pas de mal et ne leur sautèrent pas non plus dessus, comme les bêtes de ce genre ont coutume de le faire ; ils s'approchèrent au contraire lentement, en les flattant, leur longue queue battant à la verticale, comme des chiens qui viennent à la rencontre de leur maître lorsqu'il leur rapporte les bons restes d'un festin. Nous l'apprîmes plus tard, ce n'étaient que des hommes métamorphosés par la sorcellerie de Circé.

MAIS ILS ÉTAIENT DÉJÀ ENCERCLÉS PAR LES ANIMAUX SAUVAGES.

Comme les animaux ne leur faisaient pas de mal, mes amis reprirent courage et s'approchèrent de la porte du palais. Ils entendirent résonner à travers elle la voix de Circé, qui était une remarquable chanteuse. Elle chantait en même temps qu'elle travaillait ; car elle était justement en train de tisser une grande et merveilleuse tenue telle que seules les déesses savent en créer. Le premier à jeter un regard dans le palais et à s'en réjouir était le héros Politès, avec lequel j'étais particulièrement ami. Sur son conseil, nos amis appelèrent l'habitante à sortir de sa maison ; elle apparut effectivement à la porte, l'air aimable, et força tous les arrivants à entrer à l'exception de leur chef, Euryloque, un homme sage qui, échaudé par les incidents précédents, flairait une quelconque tromperie.

Circé fit gracieusement entrer les autres dans son palais et leur fit prendre place sur de hauts sièges ornés. Ensuite, elle apporta du fromage, de la farine, du

Ce groupe ne tarda pas à trouver le palais de la déesse Circé, splendide bâtiment en pierres de taille.

miel et du vin âpre de Pramnos avec lesquels Circé pétrit un plat de délicieux gâteaux. Mais pendant ce travail, elle mélangea à la pâte, sans se faire voir, des sucs porteurs de malheur qui étaient censés faire perdre l'esprit aux malheureux et leur faire oublier leur patrie. Et de fait, tous ceux qui avaient goûté à ces mets séducteurs furent transformés en cochons soyeux, se mirent à grogner et furent tous poussés dans les stalles par la magicienne. Au lieu de ces mets délicieux, Circé leur fit jeter, en guise de nourriture, des glands de rouvre et des cornouilles, comme aux autres cochons.

Circé nous avait précédés ; elle avait fait porter dans le bateau les deux moutons du sacrifice et les avait fait attacher.

Euryloque avait vu de loin une partie de toute cette scène, l'autre lui restant cachée. Il revint aussi vite qu'il le put à notre navire pour nous éviter le terrible destin de nos amis et prévenir ceux qui restaient. Mais lorsqu'il arriva auprès de nous, il fut dans un premier temps incapable de prononcer le moindre mot, parce que sa peur effroyable le privait toujours de langage ; des larmes jaillissaient de ses yeux et son âme n'était plus que lamentation. Comme nous le pressions tous de parler, pleins d'étonnement, il trouva enfin les mots et raconta le lamentable destin des autres amis. Entendant ce message terrifiant, je jetai immédiatement mon épée

sur mes épaules et mon arc par-dessus, puis je lui ordonnai de me mener immédiatement sur le chemin du palais. Mais il serra mes genoux avec les deux bras et m'implora de le laisser rester sur place, et de demeurer moi aussi où j'étais. 'Crois-moi', sanglota-t-il, 'tu ne reviendras pas, et tu ne ramèneras aucun de nos amis perdus. Fuyons cette plage ensorcelée !' Je lui permis de rester sur place ; mais pour ma part, j'obéis à la nécessité et je partis. Sur le chemin, je rencontrai un jeune homme épanoui qui avait le plus gracieux charme de la jeunesse et me tendit le bâton doré auquel je reconnus Hermès, le messager des Célestes. Il me prit aimablement par la main et dit : 'Mon pauvre, qu'as-tu à courir ainsi dans la forêt boisée, toi qui ne connais rien à cette région ? La magicienne Circé a enfermé tes amis dans la porcherie. Tu veux aller les libérer ? C'est plutôt toi qui vas rejoindre les autres ! Eh bien, soit, je vais te donner un moyen de te protéger. Si tu portes sur toi cette herbe médicinale – et sur ces mots, il sortit du sol une racine noire à la fleur blanche comme du lait, qu'il appela devant moi le môly –, sa tromperie ne pourra pas te nuire. Elle va en effet te préparer une suave mousse au vin à laquelle elle mêlera ses sucs magiques. Mais cette herbe l'empêchera de te transformer en bestiau. Ensuite, quand elle te touchera avec sa longue baguette magique, tu n'auras qu'à tirer ton glaive affûté de ta hanche et te jeter sur elle comme si tu voulais l'assassiner. Alors, tu lui arracheras facilement le serment sacré qu'elle n'exercera sur toi aucune espèce de perfidie. Ensuite, tu pourras loger chez elle sans risque et lui complaire en toute chose ; lorsque vous serez devenus familiers, elle ne repoussera pas ta demande et te rendra tes amis.'

Ainsi parla Hermès avant de me quitter pour retourner sur l'Olympe. Pour ma part, inquiet et songeur, je marchai à grands pas vers le palais de la magicienne. À mon appel, elle ouvrit la porte et me demanda aimablement d'entrer, ce que je fis bien que mon cœur eût été empli de colère. Elle me conduisit alors à un magnifique trône, me glissa un tabouret sous les pieds et mélangea aussitôt, comme annoncé, sa mousse de vin dans une coupe dorée. Elle eut du mal à attendre que je l'aie vidée, et sans douter le moins du monde que ma métamorphose allait survenir immédiatement, elle me toucha avec son bâton et dit : 'Va-t'en donc dans la porcherie, auprès de tes amis !' Mais je sortis mon épée et courus vers la magicienne comme si je voulais l'assassiner. Elle poussa alors un grand cri, se jeta par terre et me serra le genou en criant dans ma direction, comme une lamentation : 'Malheur à moi ! Qui es-tu, homme puissant, que ma boisson ne puisse te métamorphoser ? Jamais encore un mortel n'a résisté à la force de ma magie. Peut-être es-tu l'ingénieux Ulysse en personne, celui dont Hermès m'a depuis longtemps déjà prédit l'arrivée quand il reviendrait de Troie ? Si c'est bien toi, range ton épée dans ton fourreau et devenons amis !' Mais je gardai ma posture menaçante et répondis : 'Comment peux-tu exiger, Circé, que je me montre aimable avec toi, alors que dans ta maison tu as transformé mes accompagnateurs en cochons ? Ne suis-je pas forcé de supposer que si tu te montres si prévenante avec moi, c'est aussi pour causer quelque souffrance à mon corps ? Je ne peux donc devenir ton ami que si tu me prêtes le serment sacré que tu ne me nuiras en aucune manière !' La déesse prêta immédiatement le serment que je réclamais ; désormais, j'étais moi aussi satisfait, et je m'abandonnai, insouciant, au repos nocturne.

Au petit matin, quatre nymphes, toutes belles et de noble naissance, étaient occupées à remettre en ordre les salles de leur maîtresse. La première couvrait le trône de splendides coussins pourpres, une deuxième installait des tables en argent devant les sièges et y déposait des corbeilles d'or, la troisième mélangeait le vin dans une cruche d'argent et répartissait des godets en or sur les tables ; la quatrième et dernière apporta de l'eau de source fraîche, posa le chaudron sur le trépied et attisa la braise en dessous jusqu'à ce que l'eau bouille. Celle-ci était destinée à m'offrir un bain revigorant ; lorsqu'on m'eut, ensuit, oint et habillé, je dus profiter du repas matinal en compagnie de Circé. Mais bien que de nombreux plats se fussent trouvés sur la table devant moi, je ne tendis pas les mains pour les prendre et restai silencieux et chagriné face à ma belle hôtesse. Lorsque celle-ci finit par me demander la cause de ma colère muette, je lui dis : 'Quel homme ayant encore un sens de la justice et de la convenance pourrait se réjouir de mets et de boissons tant qu'il sait ses amis dans la misère ? Si tu veux que je prenne du plaisir auprès de toi, laisse-moi voir de mes yeux mes chers compagnons !'

Elle me conduisit alors à un magnifique trône.

Circé ne se fit pas prier longtemps, elle quitta son logis, sa baguette magique à la main. Une fois dehors, elle ouvrit les portes de la porcherie et en fit sortir tous mes amis qui, sous la forme de cochons de neuf ans, se mirent à grouiller autour de moi qui avais suivi ses pas. Elle tourna alors autour d'eux en étalant sur chacun un autre suc. Ils sortirent tout d'un coup de leur enveloppe soyeuse et redevinrent tous des hommes, de surcroît plus jeunes et plus beaux qu'ils ne l'avaient été auparavant. Ils accoururent joyeusement vers moi et me tendirent les mains ; mais lorsqu'ils songèrent à leur misérable destin, ils se mirent tous à pleurer et à se lamenter.

Sur ce, la déesse me parla d'un ton flatteur : 'À présent, cher ami, j'ai accompli ta volonté. Fais-moi à ton tour le plaisir de tirer ton navire vers la rive, cache son chargement dans les grottes rocheuses du rivage et profite ensuite de la vie chez moi avec tes compagnons !'

Son discours flatteur me conquit le cœur. Je me rendis au bateau, auprès de mes amis restés à son bord, qui me croyaient déjà mort depuis longtemps et se précipitèrent sur moi avec des larmes de joie. Lorsque je leur proposai de tirer le navire sur la rive et de venir dans le logis de la déesse, ils s'y dirent aussitôt tous disposés. Seul Euryloque arrêta mes compagnons et leur dit : 'Attendez-vous donc votre perte avec une telle impatience que vous vouliez entrer dans le palais de la magicienne, qui nous transformera tous en lions, en loups et en cochons, et nous forcera à garder sa maison sous cette répugnante apparence ? Comment a procédé le cyclope avec nos amis lorsque la folie d'Ulysse nous a livrés à lui ?' En entendant cette diffamation, j'eus envie de sortir mon épée et de lui séparer la tête du tronc, bien qu'il eût été un proche parent. Mes amis virent mon mouvement, me prirent par le bras et me ramenèrent à la raison.

« LA DÉESSE CIRCÉ NOUS A PRESCRIT UN TOUT AUTRE PÉRIPLE. NOUS DEVONS DESCENDRE DANS LE TERRIBLE ROYAUME DE L'HADÈS. »

Alors, nous partîmes tous, et même Euryloque, effrayé par ma menace, ne refusa pas de nous suivre. Pendant ce temps-là, Circé avait baigné nos amis, les avait oints d'huile et superbement vêtus, et nous les trouvâmes tous joyeusement rassemblés devant un festin. Quelles larmes, quelles embrassades, quelles salutations ce furent ! La déesse encouragea chacun de nous et nous accorda tant de bontés que nous devînmes plus joyeux de jour en jour et que nous restâmes toute une année auprès d'elle. Mais comme l'année touchait à sa fin, mes accompagnateurs m'appelèrent et m'exhortèrent à songer enfin au retour. Leur discours m'émut le cœur et, le soir même, je serrai les genoux de Circé en l'implorant de tenir parole et de m'envoyer chez moi comme elle avait juré de le faire au commencement. La magicienne répondit : 'Tu as raison, Ulysse : il ne sied pas que je te garde plus longtemps auprès de moi par la contrainte ; mais avant que tu ne rentres chez toi, tu vas encore devoir faire un détour. Vous devez vous rendre au royaume d'Hadès et de Perséphone, visiter le royaume des ombres et interroger sur l'avenir l'âme du vieillard aveugle, le prophète Thébain Tirésias ; car celui-ci, par la faveur de Perséphone, a gardé jusque dans la mort tout son esprit et son don divinatoire ; toutes les âmes des autres morts sont semblables à des ombres errantes.'

Lorsque j'entendis cette décision, je me mis à pleurer et à me lamenter ; les quartiers des morts m'effrayaient, et je demandai qui devait m'escorter, car nul mortel n'avait encore entrepris vivant une descente aux enfers en bateau. 'Ne te soucie pas de l'escorte de ton embarcation', répondit la déesse ; 'dresse simplement, en toute tranquillité, le mât et tends la voile ! Le vent du nord vous y poussera bien ; une fois arrivé au bord de l'Océan, le fleuve qui ceinture la terre, tu arriveras sur une rive basse où tu verras ensemble aulnes, peupliers et saules. C'est le bois de Perséphone ; c'est aussi là que se trouve l'entrée du monde souterrain. Ici, dans une vallée, près d'une roche où les fleuves noirs que sont le Phlégéthon et le Cocythe, ce dernier étant un bras du Styx, se jettent dans l'Achéron ou dans les enfers, tu trouveras une ravine par laquelle passe le chemin menant au royaume des ombres. Creuses-y une fosse et présente aux âmes défuntes un sacrifice funéraire fait de miel, de lait, de vin, d'eau et de farine ; sacrifie-leur aussi un animal quand tu reviendras à Ithaque, ainsi qu'un bélier noir pour Tirésias ; ensuite, tu sacrifieras encore deux moutons noirs, un mâle et une femelle, et tu suivras des yeux le fleuve réuni dans son passage à travers la ravine et dans les profondeurs, tandis que tes compagnons brûleront les animaux pour les dieux et les prieront. Alors, les âmes des morts t'apparaîtront, ces entités aériennes demanderont à monter à la lumière et voudront goûter au sang des victimes sacrificielles. Mais toi, tu les en empêcheras par l'épée et tu ne leur permettras pas de s'approcher avant que tu aies interrogé Tirésias. Car celui-ci ne tardera pas à venir et te renseignera sur ton retour.'

Mais je gardai ma posture menaçante.

Ce discours me rassura quelque peu. Le lendemain matin, je rassemblai mes amis et voulus les inviter à partir. Il se trouva que l'un d'entre eux, dont le nom était Elpénor, le plus jeune de tous, mais ni particulièrement courageux ni très intelligent, avait bu du doux vin de Circé, s'était éloigné de ses amis et, pour respirer de l'air plus frais, s'était allongé sur le toit plat du palais. Il s'y était endormi la veille et avait passé toute la nuit dans un sommeil que rien n'avait troublé. Lorsqu'il fut soudain réveillé par la mêlée de ses amis qui se levaient et rejoignaient l'assemblée à grands pas, il bondit et, engourdi comme il était, oublia où il se trouvait. Au lieu de se diriger vers l'escalier, il sortit en titubant sur le toit et dévala de toute la hauteur du palais, si bien qu'il se rompit le cou et que son esprit descendit aussitôt vers l'Hadès.

Mais pour ma part, je rassemblai mes accompagnateurs autour de moi et lançai : 'Vous pensez sans doute, chers amis, que je vais à présent rentrer dans ma chère patrie par le chemin le plus court ? Mais, hélas ! tel n'est malheureusement pas le cas ; la déesse Circé nous a prescrit un tout autre périple. Nous devons descendre dans le terrible royaume de l'Hadès et y interroger l'âme du devin thébain Tirésias à propos de notre voyage de retour !' Lorsque mes camarades entendirent cela, leur cœur se brisa presque de chagrin ; ils se lamentèrent bruyamment et s'arrachèrent les cheveux. Mais leurs plaintes ne leur servirent à rien. Je leur ordonnai de lever le camp et de se rendre au navire avec moi. Circé nous avait précédés ; elle avait fait porter dans le bateau les deux moutons du sacrifice et les avait fait attacher ; elle nous avait également abondamment pourvus en miel, en vin et en farine pour le sacrifice. Lorsque nous arrivâmes, elle passa devant nous en se faufilant d'un pas léger et nous fit sans un mot ses adieux. Mais nous, nous tirâmes l'embarcation dans la mer, nous dressâmes le mât et la voile, et nous nous assîmes, maussades, sur le banc des rameurs. Un vent favorable que nous envoya Circé souffla dans les voiles et nous fûmes bientôt de nouveau en haute mer. »

ULYSSE

LE ROYAUME DES OMBRES

Le voyage se poursuit :
Ulysse rencontre aux enfers l'âme du devin Tirésias. Celui-ci lui prédit son retour et la suite de sa vie. Mais Ulysse croise aussi d'autres ombres dans le monde souterrain, dont sa mère, le roi Agamemnon, Achille et Patrocle. Achille lui dit dans une plainte qu'il préférerait être mendiant sur terre que roi de l'enfer.

Illustrations de Newell Convers Wyeth et John Flaxman

Page 115 : Les autres âmes des défunts qui, pendant ce temps-là, avaient bu du sang, s'adressèrent alors à moi.

« Le soleil plongeait dans la mer », reprit Ulysse après une pause dans son récit aux Phéaciens, tout ouïe, « lorsque, poussés en avant par un admirable vent, nous accostâmes au bout du monde, sur le rivage des Cimmériens – il se situe dans un brouillard éternel, n'est jamais éclairé par les rayons du soleil et jouxte le fleuve Océan, qui ceinture la Terre. Nous arrivâmes près du rocher et du confluent des fleuves de la mort, selon les indications que nous avait données Circé, et nous accomplîmes le sacrifice selon toutes les règles. Lorsque le sang coula de la gorge des moutons et tomba dans la fosse, émergèrent des profondeurs de l'enfer les âmes des défunts, qui montèrent vers la ravine rocheuse dans laquelle nous nous trouvions, avec le fleuve sur notre flanc. Des jeunes et des vieillards arrivèrent, des vierges et des enfants, mais aussi de nombreux héros aux blessures béantes, portant des cuirasses ensanglantées ; par légions, en poussant des gémissements creux et atroces, ils entourèrent en flageolant, comme le font les ombres, la fosse du sacrifice, si bien que l'effroi s'empara de moi. J'exhortai bientôt mes compagnons à brûler l'agneau sacrifié, comme l'avait conseillé Circé, et à implorer les dieux. Quant à moi, je sortis l'épée de sur ma hanche et j'empêchai les êtres éthérés de lécher le sang du sacrifice avant que j'aie interrogé Tirésias.

La première âme à s'approcher de moi fut celle de notre ami Elpénor, dont le corps n'avait pas été inhumé et se trouvait encore dans le logis de Circé. Les larmes aux yeux, l'ombre se plaignit de son malheur auprès de moi et m'implora de revenir sur l'île d'Ééa et de lui faire donner des funérailles honorables. Je le lui promis, et l'image en ombre s'allongea en face de moi. Nous étions ainsi dans ce dialogue mélancolique, la figure d'ombre ici, moi là, tenant l'épée de biais au-dessus du sang sacrificiel. Bientôt se joignit aussi à nous l'ombre de ma mère, la splendide Anticlée, que j'avais quittée encore vivante lorsque j'étais parti affronter Ilios. Elle s'assit sans rien dire, les yeux fixés sur le sang ; elle ne vit et ne reconnut pas son fils.

Alors apparut l'âme du Thébain Tirésias, un bâton en or dans la main droite. Il me reconnut aussitôt et commença : 'Noble fils de Laërte, qu'est-ce qui t'a poussé à quitter la lumière du soleil et à visiter ce lieu d'effroi ? Mais ôte à présent de la fosse l'épée que tu brandis, pour que je puisse boire du sang sacrificiel et être ainsi en état de te prédire ton avenir.' Sur ces mots, je m'écartai de la fosse et remis mon épée dans son fourreau. L'ombre but du sang noir et se mit aussitôt à prophétiser : 'Tu m'interroges, Ulysse, sur un joyeux retour dans ta patrie. Mais un dieu va te rendre la tâche délicate, et tu ne peux pas te dérober à la main de celui qui secoue la Terre. Tu l'as gravement offensé en aveuglant l'œil de son fils, Polyphème. Pourtant, la voie du retour ne doit pas t'être totalement barrée ; il te suffit de brider ton cœur et celui de tes compagnons. Commencez par débarquer sur l'île de Thrinacia. Si vous n'y touchez pas aux bœufs et aux moutons sacrés du dieu du soleil, vous pourrez sans doute réussir le voyage du retour. Mais si vous les blessez, alors je prédis le trépas à ton navire et à tes amis. Même si tu en réchappes, tu arriveras tardivement, misérable et solitaire, dans ta patrie, sur un navire étranger. Et là aussi, tu ne pourras que te lamenter : des hommes insolents qui gaspillent tes biens et font la cour à ton épouse, Pénélope. Une fois que tu les auras vaincus ou tués, par la ruse ou la violence, et qu'un bonheur tranquille t'aura longtemps souri, mais seulement au soir de ta vie, prends ta rame sur ton épaule et va-t'en, de plus en plus loin, jusqu'à ce que tu arrives auprès des gens qui ne connaîtront pas la mer, ne détiennent pas de navires et ne mettent pas de sel pour épicer leurs plats. Et si, là-bas, à l'étranger, tu rencontres un promeneur qui te dit que tu portes sur le dos la pelle du trieur, fais un sacrifice à Poséidon et rentre chez toi. Enfin, tandis que ton royaume prospérera, une mort paisible de vieillard t'emmènera loin de la mer.'

« CHER FILS, COMMENT ES-TU DESCENDU, VIVANT, DANS LA NUIT DE LA MORT ? »

Tel fut le contenu de sa prédiction. Je remerciai le devin et lui posai une nouvelle question : 'Dis-moi, à présent : l'ombre de ma mère est assise là-bas ! Comment puis-je faire, vénérable vieil homme, pour qu'elle me reconnaisse ?' 'Accorde-lui seulement de boire du sang sacrificiel', répondit le voyant, 'et elle rompra bientôt son silence.' Je m'écartai alors de la fosse avec mon épée, et ma mère vint y boire. D'un seul coup, elle me reconnut, dirigea fixement sur moi ses yeux baignés de larmes et dit : 'Cher fils, comment es-tu descendu, vivant, dans la nuit de la mort ? L'Océan et les autres effroyables fleuves ne t'en ont-ils pas empêché ? Erres-tu toujours depuis la chute de Troie, ne reviens-tu pas dans ta patrie d'Ithaque ?' Lorsque je l'eus renseignée sur ces points, j'interrogeai ma mère sur sa mort, car je l'avais quittée vivante lorsque j'étais parti affronter Troie. Et je lui demandai aussi, le cœur battant, comment les choses se passaient à la maison, chez nous. L'ombre répondit : 'Ton épouse, sur laquelle tu m'interroges si anxieusement, séjourne dans ta maison en faisant preuve d'une fidélité inébranlable, et elle te pleure jour et nuit. Nul autre que toi ne tient ton sceptre, mais ton fils Télémaque administre ton bien. Ton père, Laërte, s'est retiré à la campagne et ne vient plus jamais en ville ; il n'y dort ni dans une chambre de prince ni dans un lit moelleux. Il repose tout l'hiver à côté de l'âtre, comme les autres valets, sur la paille, enveloppé d'une mauvaise robe ; l'été, il se couche sur du petit bois en plein air ; et tout cela, il le fait en raison de la tristesse que lui inspire ton destin. Moi-même, j'ai succombé au chagrin que j'avais pour toi, mon cher fils, et aucune maladie ne m'a emporté.'

Ainsi parla-t-elle, et elle me fit trembler de nostalgie. Mais lorsque je voulus la prendre dans mes bras, elle tomba en poussière, comme l'image d'un rêve. Alors arrivèrent d'autres ombres, de nombreuses épouses de héros célèbres. Toutes burent du sang sacrificiel et me racontèrent leur destin. Lorsque les femmes eurent disparu les unes après les autres, j'eus une vision qui me secoua le cœur dans la poitrine : l'âme du prince des peuples, Agamemnon, s'approcha en effet de moi. La grande ombre se déplaça, mélancolique, vers la fosse du sacrifice, et but du sang. Alors, il leva les yeux, me reconnut et se mit à pleurer. Il tendit en vain les mains pour m'atteindre. Mais il n'avait aucune force dans les membres. Il recula vers le lointain et répondit, de là, à mon ardente question : 'Noble Ulysse', dit-il, 'ce n'est pas, comme tu le crois, la colère du dieu de la mer qui m'a fait périr, ni des ennemis qui m'ont contraint pendant la fête. De la même manière qu'on abat le taureau dans l'étable, mon épouse Clytemnestre m'a tué dans mon bain, avec son amant Égisthe, moi qui étais revenu dans ma patrie empli de nostalgie pour ma femme et mes enfants. Je te conseille donc, Ulysse, de ne pas te montrer trop complaisant envers

J'aperçus alors aussi les ombres de héros morts depuis longtemps.

ton épouse ; ne lui confie pas, par tendresse, n'importe quel secret. Et pourtant tu as une femme compréhensive et vertueuse, ô heureux ! Et le petit garçon qui était couché contre son sein lorsque nous avons quitté la Grèce, ton Télémaque, accueillera son père en jeune homme, plein d'amour chaleureux et filial. Mon infâme épouse ne m'a même pas accordé de me délecter du regard sur mon fils avant de m'assassiner ! Et pourtant, je te conseille de débarquer secrètement, pas publiquement, sur le rivage d'Ithaque : car il ne faut faire confiance à aucune femme !'

Sur ces sombres mots, l'ombre se retourna et disparut. Alors arrivèrent les âmes d'Achille et de son ami Patrocle, d'Antiloque et du grand Ajax. Achille fut le premier à boire, il me reconnut et s'étonna. Je lui racontai pourquoi j'étais venu. Mais comme je louais avec bonheur le plus célèbre des Grecs comme le commandeur des esprits, y compris dans l'Hadès, il me répondit, maussade : 'Ne me dis rien de consolant sur la mort, Ulysse ! Je préférerais être sur la terre, et cultiver les champs comme journalier, sans propriété ni héritage, que de régner sur toute la légion des morts !' Il me fallut ensuite lui raconter la vie héroïque de son fils Néoptolème, et lorsqu'il eut entendu beaucoup de bonnes et glorieuses choses à son propos, l'ombre sublime redescendit d'un pas puissant et satisfait vers la profondeur avant de s'y perdre.

Les autres âmes des défunts qui, pendant ce temps-là, avaient bu du sang, s'adressèrent alors à moi. Seule l'ombre d'Ajax, que j'avais jadis vaincu lors d'une querelle dont les armes d'Achille étaient l'enjeu et qui, pour cette raison, avait perdu son corps, resta à l'écart, l'air courroucé. Je lui adressai de douces paroles : « Fils de Télamon, ne peux-tu pas, même dans la mort, oublier la mauvaise humeur dans laquelle t'a plongé l'armement d'Achille que les dieux n'avaient pourtant destiné aux gens d'Argos qu'à titre de malédiction ? Car toi qui étais une tour sur le champ de bataille, ces armes ont provoqué ta perte, si bien qu'il nous a bientôt fallu te pleurer, ô Achille. Mais aucun de nous n'est responsable de ta mort ; c'était un coup du sort que Zeus nous a envoyé, à toi et à nous. Alors, noble prince, force ton âme, rapproche-toi de moi, parle-moi !' Mais l'ombre ne répondit rien et alla rejoindre dans l'obscurité les autres âmes défuntes.

MAIS LORSQUE JE VOULUS LA PRENDRE DANS MES BRAS, ELLE TOMBA EN POUSSIÈRE, COMME L'IMAGE D'UN RÊVE.

J'aperçus alors aussi les ombres de héros morts depuis longtemps : Minos, le juge des morts ; le puissant chasseur Orion, qui, la massue à la main, effarouchait les ombres chinoises de lynx et de lions ; Tityos, dont deux vautours, chacun sur un flanc, dévoraient le foie en punition de ses méfaits ; Tantale, assoiffé au milieu de l'eau qui lui recouvrait le menton, mais reculait et tarissait à chaque fois qu'il voulait boire, dévoilant le sol noir à ses pieds. Il y avait aussi au-dessus de sa tête des arbres pleins de poires, de figues, de grenades, d'olives et de pommes : mais quand lui, l'affamé, voulait les attraper avec les mains, la tempête faisait remonter les branches au-dessus des nuages et sa main serrait l'air vide. Je vis également Sisyphe, qu'affligeait un tourment inutile : il s'efforçait de hisser un grand rocher sur une montagne ; le corps tendu, il poussait des mains et des pieds et faisait rouler la pierre vers le haut du massif. Mais dès qu'il croyait l'avoir conduit au sommet, le rocher lui glissait les mains et dévalait honteusement la pente. Il reprenait alors son effort : la sueur de l'angoisse lui coulait sur les épaules et sa tête était entourée d'un nuage de poussière. Vint ensuite l'ombre d'Hercule, mais uniquement son ombre, car lui-même vivait, en tant qu'époux de la déesse de la Jeunesse, une vie heureuse parmi les Olympiens. Mais son ombre était noire comme la nuit, il tenait sa flèche sur la corde de son arc et regardait autour de lui, effrayé, comme s'il s'apprêtait à la tirer contre l'ennemi. Il portait aux épaules un superbe baudrier orné de toute sorte de figures d'animaux.

Lui aussi disparut, laissant alors la place à toute une foule d'autres âmes héroïques. J'aurais aimé distinguer parmi eux Thésée et son ami Pirithoos. Mais dans le fracas atroce des légions innombrables, je fus tout à coup pris d'une aussi grande peur que si la Méduse me faisait face avec sa tête de Gorgone. Je quittai en toute hâte cette ravine avec mes compagnons et repris le chemin du rivage de l'Océan et de notre navire. Puis, comme je l'avais promis à l'ombre d'Elpénor, je revins à l'île de Circé. »

ULYSSE

LES SIRÈNES

Des mélodies enivrantes qui font courir un péril mortel : la suite de leur parcours mène Ulysse et ses compagnons sur l'île des sirènes. Pour ne pas succomber à leur chant aigu et ne pas perdre la vie, Ulysse et ses compagnons se bouchent les oreilles avec de la cire. Ulysse, ligoté au mât, écoute le chant avec ravissement et survit uniquement parce que ses compagnons ne l'ont pas détaché.

Illustration de Newell Convers Wyeth

Page 123 : « Dirige le navire vers la terre pour entendre notre voix. »

« Lorsque nous eûmes brûlé sur l'île Ééa les ossements de notre malheureux compagnon », reprit Ulysse, « et que nous les eûmes portés en terre, quand nous eûmes aussi édifié un tumulus et une colonne mémorielle au-dessus du défunt, et après avoir été reçus et logés très aimablement par Circé, qui nous mit en garde contre toute sorte de dangers et nous approvisionna abondamment en vivres, nous reprîmes notre route.

La première aventure qu'il nous fallut surmonter, et que Circé nous avait prophétisée, nous attendait sur l'île des sirènes. Ce sont des nymphes à la voix superbe qui ensorcellent quiconque écoute leur chant. Elles sont assises sur les verts rivages et entonnent leurs chants magiques pour celui qui passe devant elle. Qui se laisse attirer par elles est voué à la mort, et l'on voit donc bon nombre de cadavres qui pourrissent çà et là devant leurs rives. Arrivés à l'île de ces nymphes séductrices, notre navire s'arrêta, car le vent qui nous avait jusqu'ici portés vers l'avant avec douceur cessa d'un seul coup de souffler et l'eau se mit à briller comme un miroir. Mes accompagnateurs baissèrent les voiles, les plièrent, les rangèrent dans le navire et s'assirent aux bancs de rame pour que le bateau reprenne son cours. Mais moi, je songeais aux mots qu'avait prononcés devant moi Circé, qui avait tout prévu : 'Si tu passes devant l'île des sirènes et que leur chant vous menace, bouche les oreilles de tes amis avec de la cire afin qu'ils n'entendent rien ; mais si tu veux, pour ta part, entendre leur chant, ordonne qu'on t'attache au mât, pieds et poings liés, et que tes amis serrent la corde d'autant plus fort que tu leur demanderas de te libérer !'

C'est ce que je me rappelai à ce moment-là ; je découpai une grande tranche de cire et la pétris avec mes doigts nerveux, avant d'étaler la cire molle dans les oreilles de mes compagnons de voyage. Quant à eux, ils respectèrent leur ordre et m'attachèrent au bas du mât. Puis ils s'installèrent de nouveau aux rames et firent avancer le navire en toute tranquillité. Lorsque les sirènes le virent arriver vers elles, elles se postèrent sur le rivage sous la forme de séduisantes jeunes filles et entonnèrent, de leur gorge d'une merveilleuse douceur, leur chant aigu dont les paroles étaient les suivantes :

Viens, précieux Ulysse,
insigne gloire des Achéens,
Dirige le navire vers la terre
pour entendre notre voix
Car nul encore n'est passé ici
dans son sombre vaisseau,
Avant d'avoir entendu de notre
bouche, la voix de miel :

Chacun ensuite revient chez lui,
sage et heureux.
Car nous savons tout de toi,
combien dans les plaines de Troie
Les fils d'Argos et les Troyens
ont enduré des dieux,
Tout ce qui s'est passé sur
la terre nourricière.

Tels étaient leurs chants. Mais à les entendre, le cœur gonflait de désir dans ma poitrine ; de la tête, je fis signe à mes amis de me détacher. Mais eux, avec leurs oreilles sourdes, n'activèrent que plus rapidement la rame. Deux d'entre eux, Euryloque et Périmède, accoururent et, comme je l'avais ordonné auparavant, nouèrent autour de moi des cordes encore bien plus épaisses et resserrèrent les anciennes. C'est seulement lorsque nous fûmes passés au large devant eux et que nous fûmes totalement hors de portée des voix des sirènes que mes amis se sortirent la cire des oreilles et détachèrent mes liens. Je les remerciai de tout cœur pour leur persévérance. »

ULYSSE

SCYLLA ET CHARYBDE

Un tourbillon mortel et un rocher meurtrier : pour échapper au tourbillon marin Charybde, qui engloutit tout, Ulysse fait diriger le navire vers l'autre rive. Mais la Scylla, tout aussi maléfique, les y guette. Lorsque le navire s'approche de trop près, le monstre arrache six compagnons au pont et les broie.

Illustrations de John Flaxman et Henry Justice Ford

« À peine avions-nous un peu progressé à la rame que j'aperçus, de loin, du crachin et un puissant ressac. C'était la Charybde, un tourbillon qui, trois fois par jour, jaillit de sous un rocher avant de refluer de nouveau, et qui engloutit tout navire qu'il prend dans son gosier. De terreur, mes accompagnateurs lâchèrent le timon ; ils suivirent le courant et le vaisseau s'immobilisa. Moi-même, je bondis de mon siège, traversai le navire en toute hâte et encourageai tour à tour chacun de mes hommes. 'Mes amis', dis-je, 'nous ne sommes pas des novices en matière de danger. Quoi qu'il puisse arriver, une souffrance pire que celle vécue dans la caverne du cyclope ne peut pas nous toucher ; et pourtant, mon ingéniosité vous a aidés à en sortir. Alors vous allez tous m'obéir. Restez fermement assis sur vos bancs et battez courageusement des rames' – car ils les avaient reprises en main – 'en direction du ressac. Je pense que Zeus va nous permettre de sortir de cette détresse en nous enfuyant rapidement. Mais toi, timonier, rassemble tous tes esprits et dirige le navire à travers l'écume et le ressac, aussi bien que tu le peux !

Page 127 : D'ordinaire, avant même que le capitaine ne s'en rende compte, elle tient entre les dents de chaque gueule un homme qu'elle a enlevé sur le bateau.

Fraie-toi un chemin vers le rocher pour ne pas être pris dans le tourbillon !' J'avais ainsi mis en garde mes amis contre le tourbillon Charybde, dont Circé m'avait parlé ; mais je gardai encore un sage silence sur le monstre Scylla, qui menaçait de l'autre côté ; je craignais que, de terreur, mes compagnons puissent de nouveau lâcher les rames et se regrouper dans la coque du navire.

J'avais cependant oublié un autre commandement que m'avait aussi donné Circé. Elle m'avait en effet interdit de m'armer pour le combat avec ce monstre ; mais moi, je m'enveloppai de toute ma cuirasse d'arme, pris deux javelots à la main et m'installai sur le pont pour affronter la bête qui approchait. Bien que mes yeux fussent devenus douloureux à force de scruter la mer, mon regard ne put le découvrir et je partis ainsi, empli d'angoisse face à la mort, dans cette gorge marine qui ne cessait de se resserrer. Cette Scylla, Circé me l'avait décrite en ces termes : 'Elle n'est pas un adversaire mortel, plutôt un malheur immortel ; la bravoure ne peut rien contre elle, l'unique possibilité de salut est de la fuir. Elle vit face à la Charybde, dans un rocher dont le sommet pointu se trouve dans les nuées, éternellement entouré de brume noire, jamais éclairé par le rayon du soleil et tout entier en pierre lisse. Au cœur de ce rocher se trouve une caverne, noire comme la nuit ; dans celle-ci loge Scylla, qui ne signale sa présence que par un effroyable aboiement résonnant au-dessus des flots comme le cri d'un chiot qui vient de naître. Ce monstre a douze pattes informes et dix cous de serpent, sur chacun d'entre eux sourit une tête effroyable dotée de trois denses rangées de dents qu'elle montre avant de broyer ses victimes. Elle est à moitié dissimulée à l'intérieur, dans le creux du rocher, mais elle sort du gouffre pour tendre ses têtes et, d'une bouchée, attrape phoques, dauphins et sans doute aussi de plus grands animaux de mer. Jamais encore un navire ne s'est vanté d'être passé devant elle sans subir de pertes ; d'ordinaire, avant même que le capitaine ne s'en rende compte, elle tient entre les dents de chaque gueule un homme qu'elle a enlevé sur le bateau.'

Cette image m'emplissait l'âme et je scrutais en vain les environs. Entre-temps, nous étions arrivés, avec notre navire, tout près de la Charybde, qui aspirait le flot marin dans son gosier avide avant de le recracher ; elle bouillonnait comme

Jamais encore un navire ne s'est vanté d'être passé devant elle sans subir de pertes.

un chaudron sur le feu et de l'écume blanche s'élevait tant que le flot jaillissait à l'extérieur ; ensuite, lorsqu'elle avalait de nouveau les vagues, le mélange trouble formé par l'eau repartait au plus profond, la roche tonnait et l'on pouvait, en regardant vers le bas, apercevoir un gouffre de boue noire. Tandis que nos regards figés par l'effroi étaient rivés à ce spectacle et que nous dirigions malgré nous le vaisseau vers la gauche, nous fûmes bientôt trop près de la Scylla, que nous n'avions pas découverte, et ses gosiers avaient raflé d'un coup, sur le pont, six de mes camarades les plus courageux ; je les vis, battant des mains et des pieds, soulevés haut dans les airs entre les dents du monstre. Jusque dans sa gueule, ils m'appelaient encore au secours par mon nom : l'instant d'après, ils étaient broyés. Autant que j'aie pu endurer au cours de mon errance, je n'ai jamais vu spectacle plus pitoyable ! »

ULYSSE

NAUFRAGE

Le sacrilège n'est pas resté impuni :
les bœufs sacrés du dieu du Soleil, sur l'île de Thrinacia, ne doivent pas être tués. Lorsque les réserves de nourriture touchent à leur fin, les compagnons font fi de la mise en garde d'Ulysse et tuent les meilleurs animaux. La punition des dieux ne tarde pas. Tous les compagnons disparaissent dans la tempête – Ulysse est le seul à survivre.

Illustration de Newell Convers Wyeth

« Mais nous avions à présent nous aussi franchi sains et saufs le passage entre le tourbillon de la Charybde et le rocher de la Scylla ; l'île de Thrinacia brillait devant nous au soleil et nous étions encore en mer lorsque nous entendîmes le beuglement des bœufs sacrés du dieu du Soleil et le bêlement de ses moutons. Rendu astucieux par tant de malheurs, je pensai aussitôt à la mise en garde que l'aveugle Tirésias m'avait lancée aux enfers et annonçai à mes compagnons que lui-même et Circé m'avaient recommandé de fuir l'île d'Hélios parce que le plus lamentable des destins nous y attendait. Cette proclamation consterna les accompagnateurs plus que de raison, et Euryloque dit avec colère : 'Tu es vraiment un homme cruel, tout d'acier et la nuque raide ! Quoi, tu refuses sérieusement, à nous qui sommes épuisés par l'effort, de nous permettre de poser un pied sur terre et de nous délecter sur cette île de mets et de boissons ? Tu voudrais que nous repartions en aveugles, dans le silence de la nuit, pour traverser les déserts noirs de la mer ? Et si, tout à coup, dans l'obscurité, le vent du sud indocile ou celui d'ouest, avec son sifflement, arrivaient en tournoyant ? Jetons au moins pour cette sombre nuit l'ancre devant ce rivage qui nous fait signe avec tant d'hospitalité !'

Lorsqu'il me fallut entendre cette opposition, je compris qu'un dieu hostile nous avait jeté un mauvais sort. 'Euryloque, ce n'est pas une prouesse de me forcer la main, à moi, seul face à vous tous. Je vous cède donc. Mais vous devez me faire le serment sacré de ne pas abattre de bœuf, ni même un mouton du dieu du Soleil si vous deviez par hasard découvrir ses troupeaux. Que chacun se contente de la nourriture que nous a fournie la bonne Circé !' Ils me firent tous ce serment de bon cœur ; sur ce, nous guidâmes le vaisseau dans une crique d'où de l'eau douce se déversait dans le flot salé. Tous descendirent du navire et il ne fallut pas longtemps pour que le repas nocturne soit prêt. Après le repas, nous pleurâmes les amis que Scylla avait dévorés, mais au milieu des larmes, nous fûmes submergés par le sommeil, nous, marins fatigués que nous étions.

Il devait rester encore un tiers de la nuit lorsque Zeus envoya une effroyable tempête qui, à l'aube, nous contraignit à amarrer en toute hâte nos embarcations à l'abri dans une grotte marine. Je mis encore une fois mes compagnons en garde contre la tentation de tuer des bœufs, car avec ces brutales intempéries nous pouvions nous attendre à un assez long séjour sur cette île. Et nous y restâmes effectivement un mois entier, parce qu'un vent du sud constant ne laissait place au vent d'est que pour de courtes périodes ; or l'un comme l'autre nous était contraire. Tant qu'il restait des réserves de mets et de vin fournis par Circé, nous n'avions pas d'urgence. Mais lorsque nous eûmes consommé toute la nourriture et que la faim s'empara de nous, mes accompagnateurs commencèrent à aller à la pêche et à chasser des oiseaux ; moi-même, je fis aussi une sortie le long du rivage pour voir s'il ne me serait pas possible de rencontrer un dieu ou un mortel qui m'indiquerait une issue à cette situation de détresse. Lorsque je fus suffisamment éloigné de mes amis et dans une solitude complète, je me lavai les mains dans la rivière pour pouvoir les lever pures vers le ciel, me jetai humblement à genoux et implorai tous les dieux de m'accorder le salut. Mais ce qu'ils m'envoyèrent fut un sommeil bienfaisant.

Alors que j'étais si loin d'eux, Euryloque se leva parmi mes accompagnateurs et leur donna un conseil qui les mena à leur perte : 'Écoutez ma parole', dit-il, 'amis lourdement accablés ! Toute mort est certes terrifiante pour les hommes, mais le destin le plus effroyable est quand même de mourir de faim. Allons, pourquoi avons-nous des scrupules à sacrifier aux dieux les plus beaux des bœufs d'Hélios et à nous repaître de la viande qui restera ? Une fois arrivés sains et saufs à Ithaque, nous arriverons bien à apaiser le dieu, nous lui construirons un temple magnifique et nous y exposerons de délicieuses offrandes. Mais si, dans la colère du moment, il nous envoie une tempête et enfonce notre navire au fond de l'eau – eh bien, je préfère expirer mon dernier souffle en un instant que de dépérir d'une manière aussi misérable sur cette île solitaire !'

Ces paroles plurent à mes compagnons affamés. Ils se mirent aussitôt en chemin, ramenèrent les plus beaux bœufs parmi le troupeau du dieu du Soleil, qui paissaient à proximité, et après avoir imploré les dieux, ils les abattirent, les éviscérèrent et présentèrent aux immortels les entrailles avec les reins enveloppés dans de la graisse. Aucun n'avait de vin pour les libations, tout était déjà consommé depuis longtemps ; les abats et les cuisses furent donc seulement humectés d'eau de source. Ils mirent les restes abondant sur des broches et ils se préparaient pour le repas au moment où, après que les dieux eurent de nouveau chassé le sommeil de mes paupières, je revins auprès d'eux et sentis de loin déjà le fumet du sacrifice. J'adressai alors mes lamentations au ciel : 'Ô père Zeus et vous, autres Célestes ! Vous m'avez envoyé le sommeil en malédiction. Quel acte, en effet, mes amis se sont-ils permis de commettre pendant que je dormais !'

Pendant ce temps-là, une déesse servante avait déjà apporté au dieu du Soleil la nouvelle du grand sacrilège qu'on avait commis contre son sanctuaire. Furieux, il entra dans le cercle des Olympiens et se plaignit à eux de cette iniquité. Zeus lui-même, furieux, se leva de son trône à cette nouvelle, d'autant plus qu'Hélios menaçait de faire descendre le char du Soleil vers l'Hadès et de ne plus éclairer la Terre si une peine complète n'était pas infligée aux criminels. 'Continue à éclairer les dieux et les hommes, Hélios ; je compte frapper prochainement de ma foudre le navire de ces maudits voleurs, si bien qu'il partira en débris et, démantelé, plongera dans l'abîme !' C'est la noble déesse Calypso qui m'a transmis ces mots de Zeus ; elle avait appris ce méfait par son ami Hermès, le messager des dieux.

Lorsque je fus arrivé auprès du navire et de mes camarades, je les interpellai et, pris d'une très profonde mauvaise humeur, les tançai pour leur comportement. Mais hélas, il était trop tard et les bœufs se trouvaient devant moi, abattus. Des signes miraculeux effroyables témoignaient du sacrilège qui avait été commis. Les têtes rampaient autour de nous comme si elles étaient vivantes ; la viande crue et rôtie criait sur les broches comme les bœufs ont coutume de beugler. Mais mes accompagnateurs affamés ne s'en soucièrent pas. Ils firent bombance pendant six journées successives. C'est seulement le septième jour, lorsque tous les orages parurent terminés, que nous remontâmes dans le navire et ressortîmes en pleine mer. Lorsque nous mîmes le cap vers le large, et alors que nous avions perdu la terre des yeux depuis longtemps, Zeus déploya au-dessus de nos têtes une nuée bleu noir et la mer devint de plus en plus obscure en dessous de nous. Soudain, un furieux ouragan se déclencha à l'ouest, arracha les deux câbles qui tenaient le mât, si bien que celui-ci tomba en arrière, catapultant tous les outils qui se trouvaient sur le navire.

Mes amis furent précipités hors du vaisseau et se mirent à s'agiter comme des corneilles nageant autour du bateau, on les vit monter et descendre jusqu'à ce que tous finissent par couler.

L'ensemble du poids tomba sur le pilote assis à la poupe et lui fracassa le crâne, si bien qu'il disparut dans la mer comme un plongeur et que son cadavre fut englouti par les vagues. Alors, un éclair accompagné d'un coup de tonnerre retentissant s'abattit sur le navire et le secoua si fort qu'il s'emplit de vapeur de souffre. Mes amis furent précipités hors du vaisseau et se mirent à s'agiter comme des corneilles nageant autour du bateau, on les vit monter et descendre jusqu'à ce que tous finissent par couler. Je fus bientôt tout seul sur le navire, où je fis des allers-retours éperdus jusqu'à ce que ses flancs se détachent de la carène. Le mât s'effondra à grand fracas sur la carène dénudée et l'épave éventrée continua ainsi sa dérive. Je n'avais pas perdu connaissance, je pris une corde de cuir qui pendait au mât et m'en servis pour attacher celui-ci à la quille. Puis je m'assis dessus et me laissai projeter en avant par les flots en furie.

Enfin, l'océan cessa de faire rage et le vent d'ouest s'apaisa ; mais au-dessus de lui se leva le vent du sud, qui me plongea dans une nouvelle angoisse : car je courais désormais le risque d'être de nouveau poussé vers Scylla et Charybde. Et c'est bien ce qui se produisit : le matin se levait à peine lorsque je discernai la colonne rocheuse pointue de la Scylla, et aperçus, de l'autre côté, le bouillonnement jaillissant et aspirant de la Charybde. Lorsque je fus arrivé près d'elle, celle-ci engloutit instantanément le mât dans son tourbillon. Quant à moi, je m'accrochai aux branches d'un figuier qui pendait sur sa roche, m'y collai et restai là, suspendu en l'air comme une chauve-souris. Je volai ainsi, hors sol, au-dessus de la Charybde, jusqu'à ce que le mât et la carène jaillissent à nouveau hors de sa gueule. Je vis venir cet instant, je revins d'un bond sur mon ancien siège, puis je ramai avec les mains, sur l'étroite carène, pour sortir du tourbillon. J'aurais cependant été perdu si Zeus n'avait pas détourné mes bouts de poutre loin du rocher de la Scylla et ne les avait pas heureusement dirigés hors de la gorge rocheuse battue par les flots. Je dérivai encore sur la mer pendant neuf jours ; au cours de la dixième nuit, les dieux cléments me déposèrent enfin sur Ogygie, l'île de Calypso. Cette sublime déesse me soigna et me rafraîchit... Mais pourquoi est-ce que je veux vous parler de cela ? Je t'ai déjà raconté hier, à toi, noble roi, et à ton épouse, ma dernière aventure en date ! »

ULYSSE

CHEZ LE PORCHER

Retour à Ithaque :
Ulysse, déguisé en mendiant, est accueilli avec hospitalité par son ancien porcher, qui lui offre le gîte et le couvert. Eumée se plaint du comportement scandaleux des prétendants au palais d'Ulysse. Il ne reconnaît pas son maître. Mais celui-ci veut consoler son ancien fidèle et lui jure qu'Ulysse va revenir et venger cette injustice.

Illustration de Newell Convers Wyeth

Ainsi accoutré, le héros devenu totalement méconnaissable monta sur les hauteurs de la montagne boisée, en direction de l'emplacement que lui avait indiqué sa protectrice et où il retrouva effectivement le plus fidèle de ses valets, le porcher Eumée. Il le dénicha sur le haut plateau du massif, où il avait dressé tout autour de son troupeau un muret de lourdes pierres qu'il avait lui-même apportées jusqu'ici. Dans cette enceinte se trouvaient, côte à côte, douze porcheries dans chacune desquelles il avait enfermé cinquante truies pour faire de l'élevage. Les mâles, bien moins nombreux, se reposaient en dehors des étables. Jour après jour, en effet, les prétendants envoyaient chercher un verrat engraissé chez le porcher pour leurs festins, et il ne lui en restait plus que trois cent soixante. Le troupeau était gardé par quatre chiens qui paraissaient aussi sauvages que des loups féroces.

Le porcher était justement en train de se tailler des semelles dans de belles peaux de taureau. Ses valets étaient tous dispersés ; trois d'entre eux étaient au pré avec les cochons mis à l'extérieur ; un quatrième était allé en ville apporter la viande de porc que les insolents prétendants avaient exigée.

Ce sont les chiens qui, les premiers, prirent conscience de l'approche d'Ulysse. Ils se précipitèrent vers lui en aboyant. Le héros posa son bâton et s'assit. Il aurait certainement dû subir la honte d'être attaqué par ses chiens dans sa propre ferme si le porcher n'avait pas accouru depuis la porte de sa caverne et, lâchant des mains ses semelles de cuir, n'avait pas arrêté les animaux avant de les disperser à coups de pierres. Puis il se tourna vers son maître, qu'il prenait pour un mendiant, et dit : « Vraiment, il ne s'en serait pas fallu de beaucoup, ô vieillard, pour que les chiens te mettent en pièce, et tu aurais ajouté un chagrin supplémentaire à la tristesse qui est déjà la mienne ! Il suffit tout de même que je sois condamné à pleurer, sans rien pouvoir faire, mon pauvre maître qui se trouve au loin. Me voilà assis ici, à nourrir ses gras cochons pour d'autres que lui, tandis que lui-même, peut-être, dans sa misère, n'a pas même un petit morceau de pain sec à consommer et qu'il erre à l'étranger, s'il voit encore la lumière du jour ! Viens dans ma cabane, pauvre homme, et revigore-toi avec le vin et les mets ; et quand tu seras rassasié, dis-moi d'où tu viens et quel chagrin tu as enduré pour avoir l'air aussi misérable ! »

Ils entrèrent tous deux dans la cabane, le porcher répandit au sol du feuillage et du petit bois à l'intention de l'arrivant, étala la grande et grossière peau de chamois à longs poils qui lui servait de lit et lui proposa de s'y allonger. Lorsque Ulysse exprima la joie et la gratitude que lui inspirait une réception si bienveillante, Eumée lui répondit : « Vois-tu, vieil homme, il ne faut dédaigner aucun hôte, pas même le plus insignifiant. Ce que je t'offre n'est pas grand-chose. Si mon bon maître était resté chez lui, je me porterais sans doute encore mieux ; il m'aurait donné maison, biens et épouse, et je pourrais accueillir les étrangers d'une autre manière ! Mais voilà, il a péri. Puisse la lignée d'Hélène sombrer dans le malheur, elle qui conduit tant de braves à leur perte ! »

Ainsi parla le porcher, qui serra sa tunique avec sa ceinture et alla rejoindre les porcheries où les gorets étaient allongés par légion. Il en prit deux, les abattit pour les servir à son hôte, découpa la viande, la piqua sur des broches, la saupoudra de farine blanche et déposa les rôtis tout frais sur leurs brochettes devant l'invité. Il versa dans une cruche en bois du vieux vin doux puisé au baquet, s'assit devant l'étranger et dit : « Mange à présent, vieil homme, tant que nous avons de quoi ! C'est de la viande de porcelet, car les cochons engraissés, ce sont les prétendants qui me les dévorent, ces gens violents qui ont moins de crainte de dieu dans le cœur que les plus insolents des pirates ! Ils ont probablement eu connaissance de la mort de mon maître, pour faire la cour à son épouse non pas comme à l'ordinaire, mais en dilapidant en toute tranquillité le bien des autres et sans jamais rentrer auprès des leurs. Jour et nuit, ils n'abattent pas un animal, ni deux, mais plusieurs, en vidant un tonneau de vin après l'autre. Ah, mon maître était riche comme vingt ! Il possède douze troupeaux de bœufs, autant de moutons, de cochons et de chèvres, que lui surveillent tantôt des bergers, tantôt des fermiers. Pour cette seule région, ce sont onze troupeaux de chèvres que protègent des hommes vaillants : ils doivent fournir tous les jours aux prétendants le bouc le plus choisi. Je suis son premier porcher et je dois moi aussi choisir chaque jour le meilleur verrat pour l'envoyer à ces fêtards ! »

« Viens dans ma cabane, pauvre homme,
et revigore-toi avec le vin et les mets. »

Tandis que le berger parlait ainsi, Ulysse dévorait hâtivement la viande et buvait le vin à grands traits, sans dire un mot, comme quelqu'un qui pense à autre chose. Son esprit était tout occupé par la vengeance qu'il comptait prendre sur les prétendants. Quand il se fut rassasié et désaltéré, quand le berger lui eut encore une fois rempli son godet, il but aimablement et dit : « Décris-moi encore une fois ton maître plus précisément, cher ami ! Il ne serait pas du tout impossible que je le connaisse et que je l'aie déjà rencontré quelque part : car je suis allé fort loin à l'étranger. » Mais le porcher, incrédule, lui répondit : « Penses-tu que nous allons si facilement prêter foi à un vagabond qui veut nous raconter des histoires à propos de notre maître ? Combien de fois est-il déjà arrivé que des gueux errants qui réclamaient le gîte et le couvert viennent devant ma maîtresse et son fils pour les émouvoir jusqu'aux larmes avec des fables sur notre pauvre maître, jusqu'à ce qu'on leur remette manteau et tunique et qu'on les accueille grassement. Mais lui, cela fait longtemps que les chiens et les oiseaux lui ont rongé la chair sur les os, à moins que les poissons ne l'aient dévoré et que ses ossements nus reposent sur les cailloux de la plage. Ah, jamais je ne retrouverai maître si bienveillant. Il était bien trop aimable, bien trop aimant. Quand je pense à lui, je ne pense pas du tout à l'homme qui me donnait des ordres : c'est un frère aîné qui apparaît alors à mon âme. »

« Eh bien, mon cher », lui répondit Ulysse, « parce que ton cœur incrédule nie son retour avec tant de sûreté, je te le dis sur mon honneur : Ulysse arrive ! Je ne réclamerai mon salaire, le manteau et la tunique, qu'au moment où il sera là ; car aussi pauvre que je sois, je ne veux pas gagner ma vie avec une fable. J'ai pour les menteurs une haine mortelle. Alors, écoute donc le serment que je fais devant Zeus, devant cette table hospitalière qui est la tienne et devant le troupeau d'Ulysse ; quand ce mois sera achevé, il entrera dans sa maison et châtiera les insolents qui osent importuner son épouse et son fils. » « Ô vieil homme », répondit Eumée, « j'aurai tout aussi peu à te verser le salaire de ton message qu'Ulysse ne reviendra chez lui. Ne jeûne pas, bois tranquillement ton vin et parle d'autre chose. Laisse ton serment de côté ! D'Ulysse, je n'espère plus rien ; à présent, seul son fils Télémaque me cause du souci ; j'espère retrouver un jour en lui le corps et l'âme de son père. Mais un dieu ou un homme lui a engourdi l'esprit ; il est allé à la recherche de son père à Pylos. Pendant ce temps-là, les prétendants sont partis en bateau lui tendre une embuscade et s'apprêtent à éliminer avec lui le dernier rejeton de l'antique lignée d'Arcesius. Mais à présent, raconte-moi, toi, vieil homme, ta propre souffrance : qui es-tu et qu'est-ce qui t'a conduit à Ithaque ? »

Ulysse s'amusa à raconter au porcher une longue histoire dans laquelle il se fit passer pour le fils ruiné d'un riche homme de l'île de Crète, et s'inventa les aventures les plus hautes en couleur. Il dit avoir aussi participé à la guerre de Troie et y avoir fait la connaissance d'Ulysse. Sur le trajet du retour, la tempête le poussa sur la côte des Thesprotes, chez lesquels il prétendait avoir de nouveau entendu parler d'Ulysse. Celui-ci, affirma-t-il avait été l'invité de ce prince et l'avait quitté peu avant l'arrivée du mendiant pour se rendre à Dodone et entendre auprès de l'oracle la délibération de Zeus.

Lorsqu'il eut terminé de dérouler le long tissu de ses mensonges, le porcher lui dit, empli d'émotion : « Malheureux étranger, comme tu as ému mon âme en me décrivant avec tant de détails tes laborieuses errances ! Il n'y a qu'une seule chose à laquelle je ne croie pas – à savoir, ce que tu me dis d'Ulysse. Qu'as-tu donc besoin de lancer ainsi tes mensonges au vent ? J'ai complètement perdu le goût de poser des questions sur mon maître et de le chercher depuis qu'un Étolien m'a menti, un homme qui, en fuite après un meurtre, est arrivé dans mon enclos et m'a assuré qu'il l'avait lui-même rencontré en Crète, chez Idoménée, en train de réparer et de compléter ses navires broyés par la tempête. Il m'a dit qu'il reviendrait sûrement à l'été, sinon, à l'automne, avec ses compagnons et des biens infinis. Alors, ô malheureux, ne t'efforce pas de vouloir m'arracher ma faveur par de tels mensonges flatteurs, l'hospitalité t'est de toute façon garantie. »

« Bon pâtre », répondit Ulysse, « je vais te proposer un arrangement : s'il revient réellement, tu devras me laisser partir avec un manteau et une tunique à Doulichion, où mon cœur aspire à se rendre. Mais si ton maître ne revient pas, alors lance tes valets à mes trousses, pour qu'ils me jettent depuis un promontoire rocheux dans la mer et que l'envie de mentir passe aux autres mendiants. » « Hé, ce serait une belle gloire pour moi », fit le porcher en lui coupant la parole, « si je tuais perfidement l'hôte auquel j'ai ouvert ma cabane et que j'ai nourri ! De toute ma vie, je ne pourrais plus prier Zeus. Mais le dîner va bientôt être servi et il est temps que mes valets reviennent, alors nous retrouverons la joie. » Et de fait, les cochons revinrent avec leurs gardiens, avant d'être poussés en grognant vers leurs porcheries. Le porcher ordonna alors qu'on abatte un cochon engraissé de cinq ans en l'honneur de son hôte. Une partie fut sacrifiée pour la prière aux nymphes et au dieu Hermès, il tendit l'autre aux gardiens et le meilleur morceau d'échine revint à son hôte, bien qu'il ne fût, à ses yeux, qu'un mendiant.

ULYSSE

LE MENDIANT DANS LA SALLE

Le destin suit son cours :
déguisé en mendiant, Ulysse entre dans son palais, où les prétendants font bombance et mènent grand train. Rares sont ceux qui lui donnent quelque chose à manger. Comme si cela ne suffisait pas, un autre mendiant lui conteste sa place dans la salle et le menace. Alors se déroule, sous les cris de joie des prétendants, un duel au cours duquel Ulysse met son adversaire au sol, mais ne le tue pas.

Illustrations de Newell Convers Wyeth

À l'intérieur de la maison, c'est Télémaque qui, le premier, remarqua le porcher et l'appela auprès de lui. Eumée regarda prudemment à la ronde, prit le siège vide sur lequel le boucher avait coutume de s'asseoir avant le repas et, quand on lui fit signe, s'assit à la table de son maître, installé en face de lui, où le héraut lui donna aussitôt de la viande et du pain. Peu après lui, Ulysse, le mendiant, entra aussi en s'appuyant sur son bâton et s'assit dans l'encadrement de la porte, sur le seuil en frêne, adossé à l'un des chambranles en bois de cyprès joliment sculpté. Dès que Télémaque le vit, il prit un pain entier dans la corbeille qui se trouvait devant lui, y ajouta une poignée de viande et remit l'un et l'autre au porcher avec ces mots : « Tiens, mon ami, apporte ces dons à l'étranger, et dis-lui qu'il doit se départir de sa honte et faire la quête auprès des prétendants !' Ulysse reçut le don des deux mains, en le bénissant, le posa sur sa besace, devant ses pieds, et commença à manger. Pendant tout le repas, le chantre Phémios avait ravi les invités avec son chant ; à présent, il se taisait, et l'on n'entendait plus dans toute la salle que le bruit furieux des convives. À cet instant, la déesse Athéna, invisible, s'approcha d'Ulysse et l'incita à aller quémander des morceaux chez les prétendants, pour faire la différence entre ceux qui avaient une bonne mentalité et ceux qui avaient une mentalité grossière. Et pourtant, tous autant qu'ils étaient, la déesse les avait voués à la mort : tout juste un tel devrait-il connaître un trépas plus clément que l'autre.

Ulysse obéit à l'ordre de la déesse, il alla en implorant d'un homme à l'autre, en tendant la main avec le geste routinier de celui qui mendie depuis longtemps. Certains se montrèrent compatissants et lui donnèrent l'obole, mais les prétendants demandèrent d'où cet homme pouvait bien venir. Alors, le chevrier Mélanthée dit : « J'ai déjà vu cet homme, c'est le porcher qui l'a fait entrer. » Le prétendant Antinoos, furieux, s'en prit alors à Eumée : « Ô porcher à la triste réputation, dis-nous pourquoi tu as fait entrer cet homme dans la cité ! N'avons-nous pas suffisamment de vagabonds, que tu nous traînes en plus celui-là dans la salle ? » « Homme dur », répondit tranquillement celui qu'on interpellait en ces termes, « le devin, le médecin, l'architecte, le chanteur qui nous réjouit par ses chants, on se bat pour les inviter tous dans les palais des grands. Le mendiant, personne ne l'a appelé : il vient de son propre gré ; mais on ne le met pas non plus dehors ! Et cela ne doit pas lui arriver tant que Pénélope et Télémaque habitent dans cette maison. » Mais Télémaque lui ordonna de se taire et dit : « Ne te donne pas la peine de répondre, Eumée ; tu connais bien la mauvaise habitude qu'a cet homme de blesser les autres. Mais à toi, Antinoos, je dis : tu n'es pas mon tuteur, pour pouvoir m'ordonner de chasser cet étranger de la maison. Donne-lui l'obole, au contraire, et n'épargne pas mon bien ! Mais bien sûr, tu préfères consommer toi-même plutôt que donner à d'autres ! »

« Voyez comme ce gamin rétif me fait honte ! » s'exclama Antinoos ; « si chaque prétendant voulait faire un don à ce mendiant, il n'aurait plus à remettre les pieds dans cette maison pendant trois mois ! » Sur ces mots, il attrapa son tabouret, et lorsque Ulysse, revenant vers le seuil de la porte, passa devant lui en l'implorant, lui aussi, de lui faire l'aumône en se lamentant à propos de ses longs voyages de mendiant à travers l'Égypte et Chypre, celui-ci s'exclama, de mauvaise humeur : « Quel démon nous a envoyé ce parasite importun ! Éloigne-toi de ma table, que je n'aille pas bénir ton Égypte et ta Chypre ! » Et comme Ulysse se retirait en marmonnant, Antinoos lui lança le tabouret, qui lui tomba à droite de l'épaule, tout près de la clavicule. Ulysse resta aussi imperturbable qu'un roc et secoua la tête en silence, mais l'esprit bouillonnant de pensées. Puis il revint au seuil de la porte, posa par terre la besace remplie de dons et, en s'asseyant, se plaignit auprès des prétendants de la vexation que lui avait fait subir Antinoos. Mais celui-ci lança au mendiant : « Tais-toi et mange, l'étranger, ou je t'attrape et on te tirera par les mains et par les pieds pour te faire franchir le seuil, tu auras les membres en sang ! »

Cette grossièreté indigna jusqu'aux prétendants. L'un d'eux se leva et dit : « Antinoos, tu as sans doute eu tort de rejeter ce malheureux. Et si c'était un messager du ciel ayant pris forme humaine ? Car ce genre de choses arrive parfois ! » Mais Antinoos ne prit pas garde à cet avertissement. Télémaque lui-même assista sans rien dire aux mauvais traitements infligés à son père et ravala sa colère dans sa poitrine.

À cet instant, la déesse Athéna, invisible, s'approcha d'Ulysse.

Dans son logis des femmes, Pénélope pouvait percevoir par la fenêtre ouverte tout ce qui se passait dans la salle. Ainsi entendit-elle également ce qui arrivait au mendiant et éprouva-t-elle de la compassion pour lui. Elle fit discrètement appeler le porcher auprès d'elle et lui ordonna de faire venir ce pauvre homme. « Peut-être pourra-t-il me raconter quelque chose sur mon mari », ajouta-t-elle, « peut-être l'aura-t-il vu de ses yeux, car il semble avoir déambulé loin dans le monde. » « Oui », répondit Eumée, « si les prétendants voulaient bien se taire et écouter, il pourrait raconter beaucoup de choses. Voici déjà trois jours que je l'héberge et ses récits me ravissent le cœur comme s'ils étaient la mélopée d'un chanteur. Il est de Crète, et il est lié à ton époux, affirme-t-il, par le droit de l'hospitalité paternelle. Il prétend donc savoir qu'Ulysse vit actuellement dans le pays des Thesprotes et reviendra prochainement avec beaucoup de biens. » « Va », dit Pénélope, émue, « fais venir l'étranger, qu'il me raconte ! Ah, ces prétendants replets ! Il ne nous manque qu'un homme comme l'était Ulysse ; s'il arrivait, lui et Télémaque ne tarderaient pas à venger l'obstiné ! » Au moment où elle prononça ces mots, Télémaque éternua si fort dans la salle que la voûte en résonna. Pénélope ne put s'empêcher de sourire et dit au porcher : « Entends-tu mon fils me répondre en éternuant, n'est-ce pas un bon présage ? Fais-moi vite venir l'étranger ! »

Eumée transmit au mendiant l'ordre de Pénélope, mais celui-ci répondit : « Comme j'aimerais raconter à la reine ce que je sais d'Ulysse – et j'en sais beaucoup à son propos. Mais le comportement des prétendants m'inspire de l'inquiétude. Au moment où j'ai été si sévèrement offensé par le rejet de ce mauvais homme, ni Télémaque ni aucun autre n'a pris mon parti. Alors, que Pénélope maîtrise son envie pour le moment et jusqu'à ce que le soleil soit couché ; ensuite, qu'elle me laisse m'asseoir près de son âtre, car j'ai froid dans mes hardes ; alors je lui raconterai toutes sortes de choses. » Aussi pressée qu'eût été Pénélope de voir l'étranger, elle ne put lui donner tort sur ses raisons et décida de prendre patience.

Eumée revint dans la mêlée des prétendants et chuchota à son jeune maître : « Je vais à présent revenir à mon enclos, maître ; veille à faire le nécessaire ici, mais surtout veille sur toi-même, et sois sur tes gardes contre n'importe quel danger que les prétendants rusés pourraient te faire courir. » À la demande de Télémaque, le porcher resta cependant encore à table jusqu'à ce que le soir soit tombé ; puis il se leva et promit de revenir au petit matin avec un beau choix de cochons.

Les prétendants étaient toujours assemblés lorsqu'un mendiant de la ville à la triste réputation entra dans la salle, un goinfre monstrueux, de haute stature mais dépourvu de toute force physique. Son nom était Arnaios, mais la jeunesse de la ville l'appelait par un surnom, Iros, ce qui signifiait le messager, car il avait coutume de rendre, moyennant salaire, des services de coursier. C'est la jalousie qui le conduisait ici : il avait entendu parler d'un rival et il venait chasser Ulysse de sa propre maison. « Dégage donc la porte, vieillard », s'exclama-t-il en entrant. « Ne vois-tu pas que tous me font signe de l'œil pour que je te pousse du pied vers l'extérieur ? Va-t-en par toi-même, et ne me force pas à le faire ! » Ulysse lui lança un regard noir et répondit : « Il y a suffisamment de place pour nous deux sur ce seuil. Tu me sembles être aussi pauvre que moi. Ne me jalouse pas, et quant à moi je te laisse ta partie. N'excite pas ma colère et ne me provoque pas à sortir pour un pugilat : si vieux que je sois, ta poitrine et tes lèvres pourraient bientôt être en sang et la maison pourrait être débarrassée de toi demain. » Iros se mit alors à tonner, encore plus furieux : « Que racontes-tu donc, espèce de goinfre ? », fit-il. « Qu'as-tu à papoter comme une commère ? Quelques coups que je t'assènerai à droite et à gauche te réduiront les joues et le museau en bouillie, tes dents tomberont par terre comme du groin d'un cochon. As-tu envie de te mesurer avec un jeune gars comme moi ? »

Les prétendants se tournèrent en riant bruyamment vers les deux hommes en querelle et Antinoos prit la parole : « Vous savez quoi, les amis ? Regardez donc ces estomacs de chèvre qui rôtissent sur la braise, emplis de sang et de graisse ! Faisons-en l'enjeu du combat entre ces deux nobles lutteurs : que celui des deux qui en sortira vainqueur en prenne autant qu'il le peut, et qu'aucun autre mendiant que lui ne soit plus autorisé à l'avenir à pénétrer dans cette salle ! »

Ce discours plut à tous les prétendants. Mais Ulysse fit mine d'hésiter, comme un vieillard que la misère aurait privé de ses forces ; il exigea en préalable que les prétendants promettent de ne pas s'engager dans le combat avec leurs jeunes mains en faveur d'Iros. Ceux-ci lui prêtèrent ce serment de bon cœur ; Télémaque, lui aussi, se leva et parla : « Étranger, si tu en es capable, rends-toi maître de cet homme. Je suis l'hôte, et qui te blessera aura à faire à moi. » Les prétendants approuvèrent tous ces mots d'un hochement de tête. Ulysse serra la ceinture sur sa tunique et retroussa ses manches. On vit alors apparaître – car Athéna, sans se faire voir, magnifia sa carrure – des poignets et des bras nerveux, des épaules et un poitrail puissant, si bien que les prétendants ne purent que s'étonner et que l'on se dit de voisin à voisin : « Quels reins le vieillard fait sortir de ses hardes ! En vérité, le pauvre Iros va passer un mauvais moment. » Et celui-ci commença lui aussi à hésiter : les serviteurs durent le ceinturer de force et ses genoux flageolaient. Antinoos, qui s'était attendu à toute autre chose pour ce combat, s'emplit de colère et parla : « Beau parleur, il vaudrait mieux que tu ne sois pas né, si c'est pour trembler devant ce

On le fit pourtant avancer et les deux hommes levèrent les mains pour entamer la lutte.

vieillard sans force ! Je te le dis, si tu es vaincu, tu partiras en navire pour Épire, chez le roi Échétos, le fléau de tous les mortels : il te coupera le nez et les oreilles et les jettera aux chiens ! » Ainsi criait Antinoos ; mais les membres du mendiant tremblaient de plus en plus. On le fit pourtant avancer et les deux hommes levèrent les mains pour entamer la lutte. Ulysse se demanda un moment s'il devait tuer le misérable d'un seul coup ou ne le frapper que doucement pour ne pas éveiller les soupçons des prétendants. La dernière solution lui parut la plus simple ; lorsqu'ils se retrouvèrent face à face et qu'Iros lui eut atteint l'épaule avec le poing droit, il ne lui asséna qu'une légère tape derrière l'oreille. Cela suffit cependant pour lui briser l'os, si bien que du sang lui coula de la bouche et qu'Iros se tordit au sol en claquant des dents. Sous les rires et les applaudissements déchaînés des prétendants, Ulysse l'éloigna de la porte, le tira vers la cour et le portail principal, l'adossa au mur de la cour et, en lui remettant son bâton entre les mains, lui dit d'un ton moqueur : « Reste assis là et effarouche les chiens et les cochons ! » Puis il revint dans la salle et s'assit de nouveau sur le seuil avec sa besace.

Sa victoire avait inspiré du respect aux prétendants, ils vinrent le voir en riant, lui serrèrent la main et dirent : « Puissent Zeus et les dieux te donner ce que tu désires, l'étranger, pour avoir calmé ce gaillard qui nous importunait et qui va maintenant pouvoir partir chez le roi Échétos ! » Ulysse prit ce vœu pour un bon présage. Antinoos en personne déposa devant lui une grosse panse de chèvre remplie de graisse et de sang, mais Amphinomos apporta deux pains de la corbeille, remplit un gobelet de vin et but au vainqueur en applaudissant et en disant : « À ta santé, ô père étranger, puisses-tu à l'avenir être débarrassé de toute tristesse ! » Ulysse le regarda gravement dans les yeux et répondit : « Amphinomos, tu me sembles être un jeune garçon fort intelligent et tu es l'enfant d'un homme prestigieux. Retiens bien ce que je vais te dire ! Il n'est rien de plus vaniteux et inconstant que l'être humain sur cette terre ; tant que les dieux lui sont favorables, il croit que l'avenir ne peut rien lui apporter de mauvais ; et quand viennent les tristes événements, il ne trouve pas le courage de les supporter. J'en ai moi-même fait l'expérience et, me fiant à la force de ma jeunesse, j'ai aussi accompli certaines choses que je n'aurais pas dû faire. J'exhorte donc chacun à ne pas laisser l'exaltation le pousser à commettre un sacrilège, et je lui conseille de recevoir les dons des dieux en toute humilité. Il n'est donc pas avisé non plus que les prétendants se comportent avec autant d'obstination et fassent à ce point honte à l'épouse de l'homme qui ne doit plus être loin de sa patrie et qui est peut-être si proche ! Puisse un bon démon te guider hors de la maison, Amphinomos, avant que tu ne le croises ! » Ainsi parla Ulysse, il but du vin qu'on lui avait donné et rendit le godet au jeune homme. Le prétendant baissa la tête, songeur, et quitta tristement la salle comme s'il pressentait quelque chose de terrible. Il n'échappa cependant pas au malheur qu'Athéna lui avait destiné.

ULYSSE

SEUL AVEC PÉNÉLOPE

Des retrouvailles vingt ans après :
Pénélope fait appeler l'étranger auprès d'elle. Il lui raconte alors une histoire fabuleuse et lui annonce le retour d'Ulysse. Mais il ne se fait pas reconnaître de Pénélope. Son ancienne nourrice, Euryclée, identifie toutefois l'enfant qu'elle a élevé à une cicatrice qu'elle découvre en lui lavant les pieds. À sa demande, elle garde le silence.

Illustrations de William Russell Flint et Walter Crane

Télémaque s'éloigna et Pénélope sortit de sa chambre, belle comme Artémis et Aphrodite. Elle installa près du feu son fauteuil personnel, superbement incrusté d'argent et d'ivoire, et s'assit sur la peau de mouton qui le recouvrait. Puis arriva une légion de servantes qui débarrassèrent les tables du pain et des godets, les mirent de côté et veillèrent de nouveau à l'éclairage et au chauffage de la salle. Il advint alors que Mélantho se moque une deuxième fois d'Ulysse. « Étranger », dit-elle, « tu n'as tout de même pas l'intention de rester là pendant toute la nuit et de vagabonder dans le palais ? Satisfais-toi de ce compagnon et éloigne-toi immédiatement de la porte si tu ne veux pas voir ce tison te voler aux trousses ! » Ulysse la regarda d'un air sombre et répondit : « Femme incompréhensible, pourquoi t'acharnes-tu autant sur moi sous prétexte que je vais en haillons et que je mendie ? N'est-ce pas le destin commun de tous les errants ? Moi aussi, jadis, j'étais heureux, je vivais dans une riche maison, je donnais à l'étranger vagabond ce dont il avait besoin, quel que fût son aspect. J'avais aussi suffisamment de serviteurs et de servantes ; mais voilà, Zeus m'a pris tout cela. Songe, femme, qu'il pourrait en aller de même pour toi ; que se passerait-il si la princesse se mettait un jour en colère contre toi ? Ou même, si Ulysse revenait ? L'espoir n'en a pas encore totalement disparu ! Ou bien si Télémaque, qui n'est plus un enfant, agissait à sa place ? »

Pénélope entendit ce que disait le mendiant et apostropha la servante insolente : « Femme sans honte, je connais bien ta mauvaise âme et je sais ce que tu fais ; tu me le paieras de ta tête ! Je t'ai pourtant dis moi-même que j'honorais l'étranger et que je comptais l'interroger sur mon époux dans mes propres quartiers ; et pourtant, tu oses le railler ! » Mélantho, intimidée, se retira discrètement ; la servante dut apporter un siège au mendiant et Pénélope commença l'entretien : « Avant toutes choses, étranger », dit-elle, « nomme-moi ta maison et ta lignée. » « Reine, répondit Ulysse, tu es une femme irréprochable, et la gloire de ton époux est grande, elle aussi ; ton peuple, ton pays ont une bonne réputation. Mais toi, pose-moi des questions sur tout, sauf sur mon ascendance et ma patrie, j'ai subi trop de souffrances pour qu'on puisse me les remettre en mémoire. Si je devais les énumérer, je devrais me plaindre et me désoler, et les servantes, ou encore toi-même, me blâmeraient à juste titre. » Sur ce, Pénélope poursuivit : « Tu vois bien, étranger, que je n'ai pas connu un sort meilleur depuis que mon époux bien-aimé m'a quittée. Tu peux compter toi-même les hommes qui me font la cour et auxquels j'ai échappé depuis trois ans au moyen d'une ruse que je ne peux plus continuer à utiliser à présent. » Elle parlait ainsi de son travail de tissage et de la manière dont les servantes avaient découvert la tromperie. « Désormais », conclut-elle, « je ne pourrai plus éluder le mariage ; mes parents me pressent, mon fils voit, furieux, son héritage dilapidé. Tu peux ainsi constater quel sort m'est réservé. Mais quoi qu'il en soit, ne me cache donc pas ta lignée, l'homme ; tu n'es quand même pas né du chêne fabuleux ou de la roche ! »

ULYSSE SORTIT DONC SES PIEDS DE LA LUMIÈRE. MAIS CELA NE SERVIT À RIEN.

« Puisque tu m'y contrains », répondit Ulysse, « je vais te le dire. » Alors, l'espiègle Ulysse se mit à raconter sa vieille fable mensongère à propos de la Crète. Cela ressemblait tellement à la vérité que Pénélope fondit en larmes et prit pitié d'Ulysse au plus profond de son cœur. Et pourtant, ses yeux restaient aussi immobiles sous leurs paupières que de la corne ou du fer, et il se montra suffisamment pondéré pour retenir ses larmes. Lorsque la reine eut pleuré suffisamment longtemps, elle reprit : « Mais à présent je dois aussi te mettre un peu à l'épreuve, étranger, pour vérifier s'il est bien vrai que tu as offert le gîte à mon mari comme tu le racontes. Dis-moi donc quelle tenue il portait, à quoi il ressemblait, qui l'escortait. » « Tu exiges quelque chose de difficile après une si longue séparation », répondit Ulysse, « car cela fait bientôt vingt ans que le héros a débarqué chez nous, en Crète. Mais autant qu'il me souvienne, sa tenue était double, pourpre, en longue laine ; une broche en or s'y accrochait à l'aide de tiges doubles, à l'avant se trouvait une somptueuse broderie, un petit chevreuil qui frétillait entre les pattes antérieures d'un chien ; sous le manteau pourpre, on apercevait une tunique de la plus grande finesse, blanche comme

« Ulysse, mon fils, c'est vraiment toi »,
s'exclama-t-elle, « je l'ai senti avec les mains ! »

neige. Un héraut bossu le suivait, cheveux bouclés et visage hâlé, il s'appelait Eurybatès. » De nouveau, la reine ne put s'empêcher de pleurer, car tous les signes concordaient parfaitement. Ulysse la consola en racontant une nouvelle fable à laquelle il mêla toutefois certaines vérités sur son débarquement à Thrinacia et son séjour au pays des Phéaciens. Le mendiant prétendait tenir tout cela du roi des Thesprotes, chez qui Ulysse avait séjourné en dernier lieu avant de se rendre chez l'oracle de Dodone, et où il avait laissé de grands trésors que le mendiant affirmait avoir vus de ses yeux. Son retour, ajouta-t-il, était par conséquent une quasi-certitude.

Mais ses mots ne purent convaincre Pénélope. « Mon esprit me dit que cela n'arrivera jamais », répondit-elle, tête basse. Elle voulut alors demander à ses servantes de laver les pieds de l'étranger et de lui préparer un bon lit chaud. Mais Ulysse refusa l'aide de ces domestiques honnies et ne voulut rien d'autre pour dormir que de la mauvaise paille. « Seul peut me laver les pieds une vieille petite mère honnête qui ait autant enduré dans sa vie que moi-même », ajouta Ulysse. » « Eh bien, lève-toi, honorable Euryclée », s'exclama Pénélope ; « après tout, c'est toi qui, jadis, as élevé Ulysse ; lave donc les pieds de cet homme qui a tout juste l'âge de ton maître. Hélas », dit-elle en lançant un regard au mendiant, « Ulysse a peut-être lui aussi à présent de tels pieds, de telles mains ; les gens dans le malheur vieillissent en général prématurément ! » En entendant ces mots, la vieille servante pleura et, alors qu'elle s'apprêtait à laver les pieds de l'étranger et qu'elle le regardait plus précisément, elle dit : « Beaucoup d'étrangers sont déjà venus chez nous, mais aucun encore ne s'est jamais présenté qui ressemble autant à Ulysse par sa voix, sa stature et ses pieds ! » « Oui, c'est ce qu'ont dit tous ceux qui nous ont vus tous les deux », répondit Ulysse, indifférent, assis à côté de l'âtre, tandis qu'elle mélangeait de l'eau froide et bouillante dans le baquet. Lorsqu'elle se mit à l'ouvrage, Ulysse se recula prudemment dans l'ombre, car il avait depuis sa prime jeunesse une profonde cicatrice au-dessus du genou droit, là où, jadis, au cours d'une chasse, un sanglier avait plongé sa défense dans la chair. Cette fois, Ulysse craignit que la vieille femme ne le reconnaisse et éloigna donc ses pieds de la lumière. Mais cela ne servit à rien. Lorsque la servante passa le plat des mains à cet emplacement, elle reconnut la cicatrice sous sa pression et, de joie et de terreur, laissa tomber la jambe d'Ulysse dans le baquet, faisant tinter le métal et gicler l'eau. Elle en eut la voix et le souffle coupés, et des larmes lui emplirent les yeux. Enfin, elle prit le héros par le genou : « Ulysse, mon fils, c'est vraiment toi », s'exclama-t-elle, « je l'ai senti avec les mains ! » Mais Ulysse lui serra la gorge de la main droite tandis que, de la gauche, il la tirait contre lui et chuchotait : « Veux-tu ma perte, petite mère ? Tu dis la vérité, certes, mais nul ne doit encore le savoir dans ce palais ! Si tu ne te tais pas, et si je parviens à vaincre les prétendants, le même destin t'attend que celui des servantes impies ! »

« Quels mots prononces-tu là ! » répondit tranquillement la servante lorsqu'il eut desserré son emprise sur sa gorge, « ne sais-tu pas que mon cœur est ferme comme la roche et le fer ? Garde-toi seulement des autres servantes du palais ! Je vais te donner le nom de toutes celles qui te méprisent. » « Ce n'est pas utile », dit Ulysse, « je les connais déjà, et tu peux être tranquille ! » Pendant ce temps-là, Euryclée avait apporté un deuxième bain de pied, car le premier avait été entièrement renversé. Lorsqu'il eut été baigné et oint, Pénélope discuta encore un moment avec lui. « Mon esprit balance, bon étranger », dit-elle, « savoir si je dois rester auprès de mon fils, par crainte de mon époux qui vit peut-être encore et pour lequel nous administrons notre propriété, ou bien si le plus noble des prétendants, et celui qui offre le cadeau à la mariée le plus somptueux, doit me conduire chez lui. Tant que Télémaque était encore un enfant, sa jeunesse m'a interdit de me marier ; mais à présent qu'il a atteint l'âge d'un jeune homme, lui-même souhaite que je quitte la maison, sans quoi tout son héritage va être gaspillé. Mais à présent, cher homme, explique-moi encore un rêve, puisque tu sembles tellement avisé : j'ai vingt oies à la maison et je les regarde toujours avec plaisir manger leur blé mêlé à de l'eau. Et voilà que je rêve qu'un aigle arrivé de la montagne a rompu le cou de mes oies ; toutes étaient au sol, assassinées, jonchant le sol du palais, les unes mêlées aux autres dans le plus grand désordre tandis que l'oiseau de proie s'élevait dans les airs. Je me mis à sangloter bruyamment et poursuivis mon rêve. Il me sembla que les femmes du voisinage venaient me consoler dans mon chagrin. Tout à coup, l'aigle revint, se posa sur la corniche et se mit à parler avec une voix humaine : 'Sois consolée', dit-il, 'fille d'Icarios, c'est une vision, pas un rêve : les oies, ce sont les prétendants. Moi-même, qui étais un aigle, je suis Ulysse, revenu pour tuer tous les prétendants.' Ainsi parla l'oiseau, et je m'éveillai.

> **« LES SONGES SONT DES MENSONGES, ET DEMAIN VIENDRA LE JOUR EFFROYABLE QUI ME SÉPARERA DE LA MAISON D'ULYSSE. »**

« Hélas », dit-elle en lançant un regard au mendiant, « Ulysse a peut-être lui aussi à présent de tels pieds, de telles mains. »

Aussitôt, je sortis pour voir mes oies, mais elles étaient tranquillement en train de manger dans leur mangeoire. » « Princesse », répondit le mendiant caché, « la réalité est certainement celle qu'Ulysse t'a décrite dans son rêve, la vision ne peut avoir d'autre signification : il va venir et aucun prétendant ne restera en vie. »

Mais Pénélope soupira et dit : « Les songes sont des mensonges, et demain viendra le jour effroyable qui me séparera de la maison d'Ulysse. Mais c'est moi qui choisirai le mode de compétition. Parfois, mon époux disposait douze haches l'une à la file ; puis il s'éloignait et, de son arc, traversait les douze avec sa flèche. Si l'un des prétendants réussit cette prouesse avec l'arc d'Ulysse, que je conserve toujours, je le suivrai. « Fais cela, honorable reine », répondit Ulysse d'une voix déterminée, « dès demain, annonce tout de suite cette compétition : car Ulysse reviendra avant que ceux-là soient capables de traverser les douze trous des haches. »

ULYSSE

LE CONCOURS DE TIR À L'ARC ET LA VENGEANCE

Effroyable vengeance :
celui des prétendants qui pourra tendre l'arc d'Ulysse et faire passer une flèche par les œillets de douze haches devra ramener Pénélope chez lui comme son épouse – telle est la condition fixée par Pénélope. Hormis Ulysse, aucun ne parvient à manier cette arme. Après avoir réussi à tirer la flèche, il se fait reconnaître des prétendants. Aucune imploration, aucune prière ne leur sert plus à rien : ils trouvent tous la mort.

Illustrations de Newell Convers Wyeth et Henry Justice Ford

Vint alors l'heure de Pénélope. Elle prit une belle clé en bronze et à anneau d'ivoire et, accompagnée de ses servantes, se dirigea à grands pas vers une arrière-salle éloignée où l'on conservait tout un fourniment en bronze, en or et en fer ayant appartenu au roi Ulysse. C'est là que se trouvaient aussi, entre autres, son arc et le carquois plein de flèches d'un ami lacédémonien qui avait été son hôte. Lorsque Pénélope eut actionné la serrure, elle repoussa les verrous de la porte. Ceux-ci produisirent un bruit semblable au mugissement d'un taureau dans un champ, les battants s'ouvrirent, Pénélope entra et examina les caisses où l'on conservait vêtements et équipement. Elle y trouva aussi l'arc et le carquois accrochés à un clou, se mit sur la pointe des pieds et attrapa les deux. La douleur la submergea, elle se jeta sur une chaise et resta longtemps à pleurer, l'arc et le carquois sur les genoux. Enfin elle se redressa ; on posa les armes dans un coffre que ses servantes portèrent derrière elle. Elle apparut ainsi dans la salle, parmi les prétendants, ordonna le silence et parla : « Eh bien, ô prétendants, que celui qui veut m'épouser mette sa ceinture, un concours commence à présent ! Voici le grand arc de mon illustre époux. Celui qui le tendra le plus facilement et tirera la flèche à travers les trous de douze haches alignées, je le suivrai pour être son épouse et je quitterai avec lui ce palais, celui de mon premier mari. »

Sur ce, elle ordonna au porcher de présenter l'arc et les flèches aux prétendants. Eumée reçut en pleurant les armes sorties du coffre et les étendit devant les combattants ; et le bouvier, lui aussi, se mit à pleurer. Cela plongea Antinoos dans la colère. « Paysans idiots ! » gronda-t-il. « Qu'avez-vous à alourdir le cœur de notre reine avec vos larmes ! Rassasiez-vous au banquet ou allez pleurer dehors, devant la porte ! Quant à nous, les prétendants, nous allons livrer cette difficile compétition ; car tendre cet arc ne me semble pas facile du tout. De nous tous, aucun homme n'est comme Ulysse ; je me le rappelle encore bien, même si, à l'époque, j'étais encore un petit enfant à peine capable de parler. » Ainsi s'exprima Antinoos, mais dans son cœur il voyait déjà la corde de l'arc se tendre et la flèche traverser les haches. C'est pourtant à lui que serait destinée la première flèche tirée par la main d'Ulysse.

Le coup ne manqua aucune hache ; la flèche traversa dans son vol tous les œillets.

Alors, Télémaque se leva et parla : « En vérité, Zeus m'a ravi la raison ! Ma mère se dit prête à quitter cette maison et à suivre un prétendant et moi, je ris. Allons donc, ô prétendants, vous vous lancez dans ce concours dont l'enjeu est une femme comme il n'y en a plus dans toute la Grèce. Mais cela, vous le savez vous-mêmes, et il n'est pas nécessaire que je vous fasse l'éloge de ma mère. Alors, sans hésiter, allez tendre cet arc ! J'aurais bien envie de participer moi-même à la compétition ; alors, si je l'emportais, ma mère ne quitterait pas la maison ! » Ainsi parla-t-il, puis il se débarrassa de son manteau pourpre sur son épaule, tira de son glaive un sillon dans le sol de la salle, y enfonça les haches l'une après l'autre puis tassa de nouveau la terre. Tous les participants admirèrent sa force, la sûreté et la précision de ses gestes. Puis il prit lui-même l'arc en mains et s'installa avec lui sur le seuil. Trois fois, il tenta de tendre l'arc, trois fois sa force lui fit défaut. Il tira alors une quatrième fois sur l'arc et faillit y arriver ; mais un signe de son père l'arrêta en plein effort. « Ô dieux », s'exclama-t-il, « ou bien je suis un être faible, ou bien je suis encore trop jeune et incapable de me défendre contre qui m'a offensé ! Alors, essayez donc, vous autres qui êtes plus puissants que moi ! » En parlant ainsi, il posa l'arc et la flèche contre le chambranle et alla reprendre sa place sur le trône.

« EH BIEN, Ô PRÉTENDANTS, QUE CELUI QUI VEUT M'ÉPOUSER METTE SA CEINTURE, UN CONCOURS COMMENCE À PRÉSENT ! »

La mine triomphale, Antinoos se leva alors et parla : « Eh bien, debout, mes amis, commencez par l'arrière, de la gauche à la droite, comme a coutume de le faire l'échanson ! » C'est Léiodès qui se leva le premier, leur sacrificateur, qui se tenait toujours tout au fond, dans l'angle, près de la grande cruche à mélanger. Il était le seul à être dégoûté par l'insanité des prétendants et haïssait toute cette harde. Il s'installa au seuil et s'efforça en vain de tendre l'arc. « Qu'un autre s'en charge », s'écria-t-il en laissant redescendre mollement ses mains, « je ne suis pas

celui qu'il faut ! Et peut-être personne ici n'en est-il capable ! » Sur ces mots, il posa l'arc et la flèche sur le chambranle. Mais Antinoos s'en prit à lui : « Voilà un discours agaçant, Leiodès : parce que tu ne peux pas le tendre, aucun autre ne le pourrait ? Debout, Mélanthée », dit-il ensuite au chevrier. « Allume un feu, dispose-nous le siège devant et va nous chercher une belle tranche de lard sorti du cellier, nous réchaufferons et oindrons l'arc desséché, cela devrait aller mieux ! » On fit comme il avait été ordonné, mais cela fut en vain. L'un après l'autre, les prétendants s'efforcèrent de tendre l'arc. Au bout du compte, il ne resta plus que les deux plus braves, Antinoos et Eurymaque.

Il advint alors qu'en sortant du palais, le bouvier et le porcher se rencontrèrent, suivis d'un pas par le héros Ulysse. Lorsqu'ils eurent franchi la porte et la cour, il les rattrapa et leur dit d'une voix basse et en confiance : « Amis, j'aimerais bien échanger un mot, si je peux me fier à vous ; sans cela, je préfère me taire. Que diriez-vous si un dieu vous ramenait tout à coup Ulysse de l'étranger ? Sont-ce les prétendants que vous défendriez, ou lui ? Parlez sans voile, selon votre cœur. » « Ô Zeus sur l'Olympe ! » s'exclama en premier le bouvier, « si ce vœu m'était exaucé, si le héros revenait ! Tu verrais comme mes bras s'animeraient ! » Eumée, lui aussi, pria tous les dieux qu'ils veuillent bien accorder le retour à Ulysse.

Lorsque celui-ci eut compris en quel état d'âme ils se trouvaient, il parla : « Eh bien, mes enfants, écoutez donc : Ulysse, c'est moi ! Après d'indicibles souffrances, me voici de retour dans mon pays dans la vingtième année de mon absence, et je vois que vous êtes les seuls, parmi toute cette canaille, pour qui je sois le bienvenu ; car parmi tous ceux-là, je n'en ai jamais entendu aucun implorer les dieux pour mon retour. En récompense, lorsque j'aurai vaincu les prétendants, je donnerai une femme à chacun de vous, je vous offrirai des champs, vous construirai des maisons, tout près de la mienne, et Télémaque devra lui aussi vous traiter comme ses frères. Pour que vous ne doutiez pas de la véracité de mes mots, reconnaissez ici la cicatrice de la blessure que le sanglier avait causée au petit garçon pendant la chasse. » Sur ces mots, il écarta ses hardes et dévoila le grand stigmate. Les deux bergers se mirent alors à pleurer, serrèrent leur maître dans leurs bras et lui embrassèrent le visage et les épaules. Lui aussi serra ses fidèles valets dans ses bras, puis il prit la parole : « Ne cédez pas à votre colère, chers amis, que nul ne nous trahisse au palais. Par ailleurs, nous allons nous y rendre seuls, l'un après l'autre. À ce moment-là, les prétendants ne voudront pas permettre qu'on me donne à moi aussi l'arc et le carquois ; mais toi, Eumée, traverse simplement la salle avec l'arc et remets-le-moi. Dans le même temps, tu ordonneras aux femmes de verrouiller fermement les portes des arrière-salles ; et lorsque vous entendrez, à l'intérieur, des voix d'homme et des gémissements, que nul n'ose s'approcher de la porte, continuez au contraire tranquillement votre travail. Mais à toi, fidèle Philète, je confie le portail de la cour ; verrouille-le solidement et noue la corde autour de la serrure. » Une fois données ces instructions, Ulysse revint dans la salle et les pâtres l'y suivirent l'un après l'autre. Eurymaque était en train de faire tourner inlassablement l'arc au-dessus du feu pour le réchauffer, mais il ne parvenait pas à tendre la corde et finit par dire avec un soupir de mauvaise humeur : « Ah, comme cela me vexe ! Ce n'est pas tant pour la main de Pénélope que je me chagrine, car des Grecques, il y en a encore suffisamment à Ithaque et ailleurs ; non, c'est du fait que nous paraissions si dénués de force à côté du héros Ulysse ; cela nous vaudra encore les moqueries de nos petits-enfants ! »

ON FIT COMME IL AVAIT ÉTÉ ORDONNÉ, MAIS CELA FUT EN VAIN. L'UN APRÈS L'AUTRE, LES PRÉTENDANTS S'EFFORCÈRENT DE TENDRE L'ARC.

Mais Antinoos morigéna son ami : « Ne parle pas ainsi, Eurymaque, le peuple célèbre aujourd'hui une grande fête ; il n'est pas convenable de tendre l'arc. Posons donc cette arme et buvons à nouveau ; les haches peuvent tout de même rester dans la salle. Demain, nous sacrifierons à Apollon et nous mènerons à bien le concours d'archers ! »

Alors, Ulysse s'adressa aux prétendants et parla : « Vous faites bien de vous restaurer aujourd'hui ; demain, je l'espère, Apollon, qui touche sa cible de loin, vous aidera à remporter la victoire. Pour l'heure, permettez-moi d'essayer l'arc et de vérifier si mes misérables membres ont encore conservé un peu de leur ancienne force. » « As-tu totalement perdu l'esprit, l'étranger ? » lança brutalement Antinoos au héros en entendant ces mots. « Le vin t'enivre-t-il ? Veux-tu déclencher une rixe, comme le centaure Eurytion aux noces de Pirithoos ? Songe que celui-ci a été le premier à périr, et que le malheur te frappera toi aussi dès que tu tendras cet arc ; tu ne trouveras plus aucun de nous pour plaider en ta faveur ! » Pénélope se mêla alors elle aussi à la querelle. « Antinoos », dit-elle d'une voix douce, « comme il serait malvenu de vouloir exclure l'étranger de cette compétition ! Crains-tu, par hasard, que si le mendiant parvenait à tendre cet arc, il me ramène chez lui pour être son épouse ? Je doute que lui-même nourrisse cet espoir. Alors qu'aucun ne s'en inquiète au fond de son cœur ! Ce serait impossible, impossible ! » « Ce n'est pas cela que nous craignons », lui répondit Eurymaque, « non ! Nous craignons simplement que se répande parmi les Grecs la rumeur que seuls de mauvais hommes, dont aucun n'a su tendre l'arc du héros immortel, ont fait la cour à son épouse ; mais qu'au bout du compte un mendiant venu de l'étranger a tendu l'arc sans le moindre effort et a tiré la flèche à travers les haches ! » « L'étranger n'est pas aussi mauvais que vous l'imaginez », dit alors Pénélope. « Regardez seulement comme sa carrure est grande et dense ! Lui aussi se vante d'avoir été engendré par un homme noble. Alors, donnez-lui l'arc ! S'il le tend, il ne recevra rien d'autre de ma part qu'un manteau et une tunique, un javelot et un glaive, ainsi que des semelles à mettre sous ses pieds. Il pourra les emporter où son cœur le désire. » Télémaque intervint alors : « Mère,

« CRAINS-TU, PAR HASARD, QUE SI LE MENDIANT PARVENAIT À TENDRE CET ARC, IL ME RAMÈNE CHEZ LUI POUR ÊTRE SON ÉPOUSE ? »

aucun autre Achéen que moi n'a d'ordre à donner sur cet arc, et nul ne doit m'en dissuader par la force, quand bien même je l'offrirais sur-le-champ à l'étranger pour qu'il parte avec lui dans le vaste monde. Mais toi, mère, retourne au logis des femmes, auprès de ton métier, et tisse : les armes sont une affaire d'hommes. » Étonnée, Pénélope céda au discours déterminé de son fils raisonnable.

C'est alors que le porcher apporta l'arc, déclenchant un cri de rage parmi les prétendants : « Où vas-tu avec cette arme, fou que tu es ? L'envie te démange d'être mis en pièce par tes propres chiens dans les porcheries ? » Effrayé, Eumée reposa l'arc. Mais Télémaque cria d'une voix menaçante : « Apporte l'arc ici, vieil homme ! Tu n'as à recevoir d'ordres que d'une seule personne, sans cela, j'ai beau être ton cadet, je te chasserai à coups de pierres. Si seulement j'avais sur les prétendants la même supériorité que sur toi ! » Les prétendants se mirent à rire et oublièrent leur colère. Le porcher remit l'arc au mendiant, puis ordonna à la servante de verrouiller les portes de l'arrière-salle ; Philète sortit en toute hâte du palais et cadenassa soigneusement celle de la cour.

Pendant ce temps-là, Ulysse vérifiait l'arc de tous les côtés pour être sûr que les vers n'avaient pas rongé le bois et ne lui avaient pas causé d'autres dommages ; et chacun des prétendants dit sans doute à son voisin : « L'homme ne semble pas s'y connaître si mal en arcs ! En a-t-il un semblable chez lui, ou bien veut-il s'en faire un sur ce modèle ? Regardez donc, comment ce vagabond le fait tourner entre ses mains ! »

Lorsque Ulysse eut examiné cet arc puissant sous toutes ses formes, il le tendit légèrement, comme le chanteur tire sur les cordes d'un luth, saisit la corde de la main droite et vérifia sa tension. La corde produisit un ton clair, comme le gazouillis d'une hirondelle. Tous les prétendants furent pris de douleur et ils devinrent livides. Mais Zeus tonna depuis le ciel, comme un funeste avertissement. Ulysse attrapa alors courageusement la flèche qui avait glissé hors du carquois et se trouvait devant lui, sur la table ; il prit l'arc, tira sur la corde et l'encoche, puis, visant d'un œil sûr, décocha la flèche qu'il avait installée. Le coup ne manqua aucune hache ; la flèche traversa dans son vol tous les œillets. Puis le héros parla : « Eh bien,

« Visez et tirez bien ! »

l'étranger dans ton palais ne t'a pas fait honte, Télémaque ! Ma force est encore intacte, autant que les prétendants aient pu se moquer de moi. Mais il est temps, à présent, de servir le festin du soir aux Achéens, avant que la nuit ne soit tombée ; et qu'on entende ensuite le jeu du luth, le chant et tout ce qui peut encore réjouir ce repas solennel. »

Sur ces mots, Ulysse fit à son fils un signe dont ils étaient secrètement convenus. Celui-ci mit d'un geste rapide son glaive à l'épaule, attrapa son javelot et se plaça, armé, à côté du siège de son père.

Alors, Ulysse retroussa ses hardes sur ses bras et, tenant à la main l'arc et le carquois rempli, il bondit sur le haut seuil ; il y renversa les flèches à ses pieds et cria à l'assemblée, au-dessous de lui : « Il semble que la première compétition soit terminée, ô prétendants ! La seconde suit. Je vais à présent choisir une cible qu'aucun archer n'a encore jamais atteinte ; et pourtant, je ne pense pas la manquer. » Ainsi parla-t-il et, de son arc, il visa Antinoos. Celui-ci levait justement sa coupe à anse dorée et la portait à sa bouche sans se douter de rien. La flèche d'Ulysse se planta dans sa gorge et sa pointe ressortit par la nuque. La coupe lui tomba des mains ; un épais jet de sang lui sortit du nez et tandis qu'il s'effondrait sur le côté, il renversa du pied la table et les plats, qui roulèrent au sol. Lorsque les prétendants prirent conscience de sa chute, ils sautèrent de leurs trônes comme s'ils étaient enragés ; ils scrutèrent les murs de la salle pour y trouver des armes. Mais on n'y voyait ni lance ni bouclier. Ils défoulèrent alors leur colère par la parole : « Que te prend-il, de tirer sur les hommes que nous sommes, maudit étranger ? Tu as tué le plus noble de nos compagnons. Mais cela aura été ton dernier jet, et bientôt les vautours te mangeront ! » Ils croyaient en effet qu'Ulysse l'avait atteint sans le vouloir, et ne pressentaient pas que le même destin les menaçait tous. Mais Ulysse leur cria d'une voix de stentor : « Chiens que vous êtes, vous avez cru que je ne reviendrais jamais de Troie ; c'est pour cette raison que vous dilapidez mes biens, pervertissez mes gens, faites la cour à ma propre femme en pariant sur ma mort, ne redoutant ni dieux ni hommes ! Mais l'heure de votre trépas est à présent venue ! »

Lorsqu'ils entendirent ces mots, les prétendants devinrent livides et l'effroi s'empara d'eux. Chacun chercha sans mot dire autour de lui un moyen de s'enfuir ; seul Eurymaque reprit contenance et parla : « Si tu es réellement Ulysse d'Ithaque, tu as le droit de nous blâmer, car beaucoup de choses inconvenantes ont eu lieu au palais et dans le pays. Mais celui qui était coupable de tout est déjà au sol, abattu par ta flèche. Car c'est Antinoos qui a été à l'origine de cela, et il ne faisait même pas sérieusement la cour à ton épouse : il voulait devenir roi d'Ithaque et songeait à assassiner secrètement ton fils. Mais lui a eu son compte. Toi, épargne les membres de ta tribu : accepte une réconciliation ! Que chacun d'entre nous t'apporte vingt bœufs en compensation de ce qui a été dévoré, ainsi que du bronze et de l'or autant que ton cœur en réclame, jusqu'à ce que nous ayons retrouvé tes faveurs ! » « Non, Eurymaque », répondit Ulysse d'un air sombre, « vous pourrez bien me proposer tout votre héritage ou plus encore, je n'aurais pas de répit avant que vous ayez tous expié vos méfaits. Faites ce que vous voulez, battez-vous ou fuyez, aucun ne m'échappera ! »

Le cœur et les genoux des prétendants tremblèrent. Eurymaque reprit la parole, en s'adressant cette fois à ses amis : « Chers compagnons, nul ne retiendra plus les mains de cet homme : sortez vos glaives, protégez-vous de son tir avec les armes ; puis jetons-nous sur lui, tentons de le chasser du seuil, dispersons-nous dans la ville et rassemblons nos amis. » Lorsqu'il eut ainsi parlé, il tira son arme du fourreau et bondit en poussant un cri effroyable. La flèche du héros lui transperça le foie, son épée lui tomba des mains, il tomba par terre en même temps que la table, fit glisser par terre mets et godets et donna du front contre les dalles. Il repoussa son siège en trépignant des pieds ; ce furent les derniers tressaillements, puis il resta au sol, mort. C'est Amphinomos, alors, qui partit à l'assaut d'Ulysse pour se frayer à coups de glaive une voie vers la sortie. Mais le javelot de Télémaque l'atteignit dans le dos, si bien qu'il ressortit par la poitrine et que l'homme touché tomba face contre terre. Après cet acte, Télémaque s'éloigna d'un bond de la mêlée des prétendants et rejoignit son père sur le seuil en lui apportant un bouclier, deux lances et un casque d'airain. Puis il se hâta lui-même de franchir la porte et de rejoindre l'arsenal. Il y choisit, pour lui et leurs amis, quatre boucliers supplémentaires, huit lances et quatre casques à queue de cheval bouffante. Ainsi lui et les deux fidèles pâtres étaient-ils désormais armés. La quatrième cuirasse, il l'apporta à son père, et ils se retrouvèrent tous les quatre, l'un à côté de l'autre.

Tant qu'Ulysse eut encore des flèches, il abattit un prétendant à chaque tir, et ils titubaient tous désormais les uns sur les autres. Puis il posa l'arc contre le chambranle, couvrit rapidement ses épaules du quadruple bouclier, passa sur sa tête le casque dont la houppe montait et descendait de manière épouvantable et attrapa deux puissantes lances. La salle était encore équipée d'une porte latérale donnant sur un passage qui donnait sur la grande galerie de la maison. Mais l'ouverture était étroite, un seul homme y passait à la fois. Ulysse en avait confié la garde à Eumée. Mais à présent que ce dernier avait quitté son poste pour s'armer, nul ne la surveillait plus. L'un des prétendants, Agélaos, s'en aperçut.

« FAITES CE QUE VOUS VOULEZ, BATTEZ-VOUS OU FUYEZ, AUCUN NE M'ÉCHAPPERA ! »

« Que diriez-vous, chers amis », demanda-t-il, « si nous prenions la fuite par la porte latérale et si nous allions ainsi en ville pour soulever le peuple ? La rage de cet homme ne tarderait pas à se calmer ! » « Ne sois pas fou », lui dit Mélanthée, le chevrier qui se tenait à proximité et était du côté des prétendants, « la porte et le passage sont tellement étroit que deux hommes n'y passent pas ensemble, et il suffira qu'un seul des quatre se place devant pour nous bloquer tous. Laissez-moi plutôt me faufiler discrètement à l'extérieur, j'irai vous chercher suffisamment d'armes au grenier. » C'est ce que fit le chevrier, qui accomplit plusieurs allers-retours et revint au total avec douze boucliers, autant de casques et de lances. Ulysse vit subitement ses ennemis équipés de cuirasse et brandissant de longs javelots. Il prit peur et dit à son fils Télémaque : « Voilà ce que nous cause une des servantes, ces traîtresses, ou le chevrier ! » « Ah, père, j'en suis moi-même coupable », répondit Télémaque ; « tout à l'heure, en allant chercher les armes, je n'ai fait, dans ma hâte, que rabattre la porte

Tant qu'Ulysse eut encore des flèches, il abattit un prétendant à chaque tir, et ils titubaient tous désormais les uns sur les autres.

de l'arsenal sans la fermer. » Le porcher monta alors à grands pas vers la pièce en question pour la verrouiller. Par la porte ouverte, il vit le chevrier déjà occupé à attraper d'autres armes. Il revint en toute hâte au seuil de la porte avec cette nouvelle. « Dois-je maîtriser ce mauvais génie ? » demanda-t-il à son maître. « Oui », répondit celui-ci, « prends le bouvier avec toi, attaquez-le dans l'arsenal, tordez-lui les mains et les pieds dans le dos et accrochez-le à l'aide d'une corde très solide à la colonne centrale de la pièce, pour qu'il y reste dans les tourments. Ensuite, fermez la porte et revenez. » Les pâtres obéirent. Ils épièrent le traître qui cherchait justement des armes dans le recoin de la pièce. Lorsqu'il revint au seuil, tenant le casque dans une main, dans l'autre un vieux bouclier moisi, ils s'emparèrent de lui, jetèrent au sol le bouvier qui criait, lui ligotèrent mains et pieds dans le dos, pendirent une longue corde à un crochet fixé au plafond, la nouèrent autour de son corps et le hissèrent contre le pilier jusqu'à ce qu'il soit tout près de la poutre. « Nous t'avons préparé un doux couchage », dit le porcher, « dors bien ! » Puis ils verrouillèrent la porte et revinrent à leurs postes auprès du héros. De manière inespérée, un cinquième combattant se joignit à eux : c'était Athéna, ayant pris la forme de Mentor, et Ulysse reconnut la déesse avec joie. Lorsque les prétendants remarquèrent le nouveau combattant, Agélaos cria, furieux, vers le haut : « Mentor, je te le dis, ne te laisse pas inciter par Ulysse à combattre les prétendants, sans quoi nous t'assassinerons, toi, avec le père et le fils, ainsi que toute ta maison ! » Athéna s'enflamma à ces mots, elle aiguillonna Ulysse et lui dit : « Ton courage semble ne plus être le même, mon ami, que celui dont tu fis preuve devant Troie il y a dix ans. C'est grâce à ton conseil que cette ville a chuté ; et maintenant qu'il s'agit de défendre le palais et les biens dans ta propre patrie, tu recules devant les prétendants ? » Ainsi parla-t-elle pour enflammer son courage – elle n'avait pas l'intention de se battre à sa place. Car d'un seul coup, elle prit la forme d'un oiseau et, d'un coup d'aile, comme une hirondelle, s'éleva au plafond

« PRENDS PITIÉ DE MOI ! » DIT-IL EN LUI SERRANT LE GENOU.

et se posa sur la poutre couverte de suie. « Mentor, ce hâbleur, est reparti », cria Agélaos à ses amis, « ils sont de nouveau seuls tous les quatre. Réfléchissons bien, à présent, à notre combat ; ne lancez pas tous vos javelots en même temps : vous six, faites-le d'abord ; et faites-moi le plaisir de bien viser Ulysse, et lui seul. Une fois qu'il sera au sol, nous nous soucierons peu des autres. » Mais Athéna leur gâcha ce jet puissant : la première lance perça le chambranle, l'autre s'enfonça dans la porte ; elle en envoya d'autres se ficher dans le mur. Alors, Ulysse cria à ses amis : « Visez et tirez bien ! » Et tous les quatre envoyèrent leur lance, et aucune ne manqua sa cible : Ulysse atteignit Démoptolème, Télémaque Euryadès, le porcher Élatos, le bouvier Pisandre, et tous tombèrent pêle-mêle dans la poussière. Pendant un moment, les prétendants restants se réfugièrent encore dans le coin le plus éloigné de la salle ; mais bientôt ils se risquèrent de nouveau en avant et sortirent les javelots des cadavres. Puis ils tirèrent de nouveau leurs lances ; la plupart manquèrent leur but, seul le javelot d'Amphimédon égratigna la main droite de Télémaque, et la lance de Ctésippe toucha l'épaule du vacher au-dessus du bouclier. Pour tout salaire, les blessés les tuèrent tous deux d'un jet de lance que le porcher accompagna de ces mots : « Prends cela, ô débauché, pour le pied de vache que tu as offert à mon maître quand il mendiait encore dans la salle ! »

Le jet d'Ulysse avait abattu Eurydème. Il perça alors de son javelot Agélaos, le fils de Damastor ; Télémaque enfonça le sien dans le ventre de Léocrite ; Athéna agita son égide depuis le plafond et causa une telle épouvante aux prétendants qu'ils se mirent à courir en tous sens dans la salle, comme des enfants piqués par un taon ou comme de petits oiseaux fuyant les serres de l'autour. Ulysse et ses amis avaient quitté le seuil d'un bond et, furieux, répandaient le meurtre dans toute la salle, où partout l'on entendait des crânes fracassés et des râles, tandis que le sol ruisselait de sang.

L'un des prétendants, Léiodès, se jeta aux pieds d'Ulysse, lui entoura les genoux et s'exclama : « Prends pitié de moi ! Jamais je n'ai pratiqué de malice dans ta maison, j'ai voulu retenir les autres, mais ils ne m'ont pas suivi ! Je suis leur sacrificateur et je n'ai rien fait, dois-je donc tomber moi aussi ? » « Si tu es leur sacrificateur », répondit sombrement Ulysse, « alors, tu as au moins prié pour eux ! » Il attrapa le glaive d'Agélaos, que celui-ci avait laissé tomber en mourant, et, tandis que Léiodès implorait encore, lui coupa la tête qui alla rouler dans la poussière.

Près de la porte latérale se trouvait l'aède Phémios, la harpe dans les mains. Saisi par la peur de mourir, il se demandait s'il devait tenter de s'enfuir dans la cour ou serrer le genou d'Ulysse. Il choisit pour finir la deuxième solution, posa sa harpe au sol entre la cruche à mélanger et le siège, et se jeta aux pieds du héros. « Prends pitié de moi ! » dit-il en lui serrant le genou. « Toi, même, tu regretterais d'avoir tué l'aède qui réjouit les dieux et les hommes avec ses mélodies. Je suis l'apprenti d'un dieu, et je te célébrerai comme un dieu dans mes chants ! Ton fils peut en témoigner, je ne suis pas venu ici de mon propre chef, c'est eux qui m'ont forcé à venir chanter ! » Ulysse leva son épée, mais il hésita ; alors, Télémaque accourut et s'exclama : « Arrête, Père, ne me blesse pas celui-là, il est innocent ; ne touche pas non plus au héraut Médon, si les pâtres ou toi-même ne l'avez pas déjà assassiné, épargnons-le : enfant, à la maison, il m'a élevé avec tant de soin, et il ne nous a jamais voulu que du bien. » Médon qui entendit ce plaidoyer sous la peau de bœuf fraîche qui le dissimulait, s'en défit et se retrouva bientôt, implorant, aux pieds de Télémaque. Le sombre héros Ulysse ne put alors que sourire et dit : « Tranquillisez-vous, tous deux, l'aède et le héraut. La prière de Télémaque vous protège. Sortez et proclamez aux gens combien il vaut mieux agir justement que sans foi. » Tous deux quittèrent la salle et s'assirent dans la cour, tremblant encore de la peur de mourir.

ULYSSE

LE HÉROS ET PÉNÉLOPE

Le secret d'un olivier :
Pénélope continue malgré tout à avoir des doutes. Elle demande à Euryclée d'installer le lit d'Ulysse en dehors de sa chambre à coucher. Ulysse explique alors qu'aucun mortel ne peut déplacer son lit, qu'il a jadis sculpté dans le tronc d'un olivier. La révélation de ce secret élimine tous les doutes et Pénélope sait désormais qu'Ulysse est de retour.

Illustration de Newell Convers Wyeth

Lorsque la petite mère eut terminé la fumigation, elle monta au grenier pour faire enfin savoir à sa maîtresse aimée que c'était bien son époux, Ulysse, et nul autre, qui était revenu dans sa patrie. Les pieds de la vieille femme trottaient rapidement, mais ses genoux lui faisaient presque faux bond. Elle se présenta ainsi devant Pénélope et, réveillant la femme assoupie, annonça : « Ma chère fille, sors du sommeil, tu dois voir de tes yeux ce que tu as attendu jour après jour : Ulysse est revenu. Ulysse est enfin dans le palais ! Ces prétendants rétifs qui te faisaient si peur, qui ont consommé tes biens, qui ont insulté son fils – il les a tués ! »

Pénélope frotta ses yeux pour en chasser la somnolence et dit : « Petite mère, tu es une idiote ; les dieux t'ont frappée de folie. Que te prend-il, de m'arracher au plus doux des sommeils avec cette nouvelle mensongère ? Je n'ai jamais dormi aussi profondément depuis qu'Ulysse est parti ! Si une autre m'avait trompée en me racontant cette fable, je ne me contenterais pas de la renvoyer en la blâmant ; et même toi, seul ton âge te protège. Mais fais-moi le plaisir de descendre immédiatement dans la salle ! »

« Ne te mets pas en colère, ma fille », répondit la servante, « c'est l'étranger, le mendiant dont tout le monde se moquait dans la salle. Ton fils Télémaque le savait depuis longtemps, mais lui a fallu garder le secret jusqu'à ce que la vengeance contre les prétendants ait été consommée. »

Lorsqu'elle entendit ces mots, la princesse sauta de son lit et se blottit contre la vieille femme en disant, dans un flot de larmes : « Petite mère, si tu ne mens pas, si Ulysse est réellement dans le palais, dis-moi, comment vais-je pouvoir maîtriser les innombrables prétendants qui se sont rassemblés ? » « Je ne l'ai ni vu ni entendu moi-même », répondit Euryclée, « car nous autres, les femmes, nous étions installées, pleines d'angoisse, dans les appartements verrouillés ; mais j'ai bien entendu les gémissements ; et quand ton fils m'a enfin appelée auprès de lui, j'ai trouvé ton époux debout, entouré de cadavres ; car tous les prétendants reposaient pêle-mêle sur le sol. Aussi sanglant qu'ait été ce spectacle, il t'aurait plu, ma fille ; mais à présent les corps reposent loin à l'extérieur, devant le portail de la cour. J'ai fumigé toute la maison avec du soufre purificateur : tu peux descendre sans aucun effroi. »

Les époux passèrent la moitié de la nuit à se raconter la misère infinie qu'ils avaient endurée tous les deux au cours des vingt années passées.

« Vieille femme, je n'arrive toujours pas à y croire », dit Pénélope, « c'est un immortel qui a tué les prétendants. Mais Ulysse – oh, non, lui est au loin, il n'est plus en vie ! » « Cœur incrédule », répondit la servante en secouant la tête. Je vais encore te donner un signe indubitable. Tu connais la cicatrice qu'a laissée la défense du sanglier ; à l'époque, lorsque, à ta demande, j'ai lavé les pieds du mendiant, je l'ai reconnue et j'ai voulu te prévenir sur-le-champ, mais il m'a serré la gorge et n'a pas souffert que je le fasse. » « Eh bien, descendons donc », dit Pénélope, tremblant de peur et d'espoir ; et toutes deux descendirent ainsi dans la salle et franchirent le seuil. Pénélope s'y assit sans dire un mot, face à Ulysse, à la lumière de l'âtre. Lui-même était assis contre le pilier, les yeux baissés, et attendait sa parole. Mais l'étonnement et le doute rendirent la reine muette : tantôt elle croyait reconnaître le visage du héros, tantôt il lui paraissait de nouveau étranger et ses yeux ne se portaient que sur les hardes du mendiant. Enfin, Télémaque rejoignit sa mère et demanda, entre le sourire et le reproche : « Méchante mère, comment peux-tu rester aussi insensible ? Assieds-toi donc auprès du père, explore, demande ! Quelle autre femme se comporterait ainsi quand son époux revient la vingtième année et après tant de lamentations ! As-tu donc une pierre dans la poitrine à la place du cœur ? »

« Ah, mon cher fils », répondit Pénélope, « je suis plongée dans la stupeur ; je ne peux m'adresser à lui, je ne peux pas l'interroger, je ne peux pas le regarder dans les yeux ! Et pourtant c'est bien lui, c'est bien mon Ulysse, il est revenu dans sa maison ! Mais nous nous reconnaîtrons tout de même, et bien plus sûrement, car nous avons des signes secrets que nul autre n'a entendu parler. » Alors, Ulysse se tourna vers son fils avec un doux sourire et dit : « Laisse donc la mère me mettre à l'épreuve : elle me méprise parce que suis vêtu de hardes tellement hideuses. Eh bien, nous verrons comment nous la persuaderons. Mais à présent il y a une autre urgence. Quiconque a tué ne serait-ce qu'un seul homme du peuple fuit sa maison et sa patrie, même si celui-ci ne laisse guère de vengeurs derrière lui. Mais nous qui avons abattu les piliers du pays, les plus nobles jeunes de l'île et du voisinage, que pouvons-nous faire ? » « Père », dit Télémaque, « tu dois t'occuper de cela seul. Tu passes dans le monde entier comme l'homme aux délibérations les plus intelligentes. » « Je vais

donc vous dire », répondit Ulysse, « ce que je considère comme le plus avisé : toi, les pâtres, tous ceux qui se trouvent dans la maison, vous allez prendre un bain et vous vêtir de la meilleure manière ; que les servantes passent aussi leurs plus belles tenues ; mais que l'aède prenne sa harpe à la main et nous joue à tous une ronde. Celui qui passera ensuite dans la rue, qui habite dans les environs, croira tout simplement que la fête dure encore dans la maison ; ainsi, la rumeur de l'assassinat des prétendants ne se propagera sans doute pas dans la ville avant que nous ayons rejoint nos propriétés à la campagne ; ensuite, un dieu nous donnera l'intuition de ce qu'il faut faire. »

Bientôt toute la maison résonna de la harpe, du chant et de la danse. Dans la rue, les habitants se regroupèrent et se dirent : « À présent, il n'y a aucun doute : Pénélope s'est remariée et l'on célèbre les noces au palais. Cette mauvaise femme, ne pouvait-elle pas attendre que l'époux de sa jeunesse soit revenu ? » Enfin, vers le soir, la foule se dissipa. Pendant ce temps-là, Ulysse s'était baigné et oint. Mais Athéna lui déversa de la grâce autour de la tête ; sa chevelure sombre et drue lui auréolait la tête, et il était semblable à un immortel lorsqu'il descendit de la baignoire. C'est ainsi qu'il se présenta dans la salle et reprit sa place sur son trône, face à l'épouse. « Étrange femme », dit-il, « les dieux t'ont tout de même donné un cœur insensible ; aucune autre femme ne renierait son époux avec autant d'obstination quand, dans la vingtième année, il revient après tant d'affliction. Je me tourne donc vers toi, Euryclée, petite mère, pour que tu me prépares mon lit quelque part ; car celle-ci a un cœur de femme dans la poitrine ! »

« Homme obtus », dit alors Pénélope, « ce n'est pas le mépris, ni aucun sentiment analogue qui me retiens loin de toi ; je sais encore fort bien à quoi tu ressemblais lorsque tu as quitté Ithaque à bord de ton navire. Eh bien soit, Euryclée, prépare-lui sa couche à l'extérieur de la chambre à coucher, couvre-la bien de toisons, de manteaux et de tapis. »

C'est ainsi que Pénélope mit son époux à l'épreuve. Mais Ulysse lança un regard mécontent et dit : « C'était une parole blessante, femme ; aucun mortel ne peut déplacer mon lit, même en déployant toutes les forces de sa jeunesse. J'ai moi-même menuisé ce bahut, et il recèle un grand secret. Au milieu de la place où nous avons érigé le palais se trouvait un olivier en pleine sève et qui, ayant poussé comme un saule, donnait de l'ombre. J'ai fait disposer le logis de telle sorte que celui-ci se dresse à l'intérieur de la chambre à coucher. Lorsque la pièce eut été bien construite en pierres, et le plafond de bois gracieusement ciré, j'ai coupé la cime de l'olivier et j'ai commencé à sculpter et à polir le tronc à partir de la racine. J'ai ainsi constitué le pied du lit en suivant rigoureusement la ligne de l'arbre et j'ai moi-même sculpté celui-ci à la perfection ; puis j'ai fait sur le lit proprement dit de superbes incrustations d'or, d'argent et d'ivoire, et j'ai tendu des courroies de forte peau de taureau pour accueillir le couchage. Le voilà, notre lit, Pénélope ! Est-il encore en place, je l'ignore, mais si quelqu'un l'a déplacé, il a forcément dû séparer l'olivier de sa racine. »

Les genoux de la reine tremblèrent lorsqu'elle reconnut le signe. Elle se leva en pleurant de son siège, courut vers son époux les bras grand ouverts, les lui passa autour du cou, embrassa sa tête et l'embrassa encore, puis parla : « Ulysse, tu as toujours été si bon, si empli d'intelligence : ne te mets pas en colère contre moi ! Les dieux éternels nous ont frappés de souffrance parce qu'il leur semblait trop heureux que nous passions notre jeune vie en harmonie, l'un avec l'autre, et que nous nous approchions de la vieillesse par le doux chemin. Tu ne dois pas m'en vouloir de ne pas t'avoir tendrement souhaité la bienvenue dès ton arrivée. Mon pauvre cœur était constamment dans la peur qu'un quelconque imposteur malin me trompe. Maintenant que tu m'as dit ce qu'aucun mortel ne sait, hormis toi, moi et notre vieille portière Actoris, qui a quitté la maison paternelle pour me suivre ici, je le sais : à présent, mon cœur dur est vaincu et convaincu ! »

Les époux passèrent la moitié de la nuit à se raconter la misère infinie qu'ils avaient endurée tous les deux au cours des vingt années passées, et le sommeil ne vint pas aux paupières de la reine avant que son mari lui ait fait dans les moindres détails le récit de toutes ses errances. Enfin, chacun dans le palais alla prendre le repos désiré et chercha à se remettre des événements bouleversants de la journée.

Achille

Fils du roi de Thessalie, Pélée, et de la nymphe de la Mer Thétis, il est le héros principal de *L'Iliade* d'Homère. Il tue Hector en duel. Le seul point vulnérable d'Achille est son talon ; et c'est précisément à cet emplacement que l'atteint une flèche de Pâris, qui le blesse mortellement.

Agamemnon

Roi de Mycènes et chef des Grecs pendant la guerre de Troie. Il est le frère de Ménélas, roi de Sparte et époux de la belle Hélène.

Andromaque

Épouse du héros troyen Hector et mère de leur fils commun, Astyanax.

Aphrodite

Déesse de l'amour, de la beauté et des désirs charnels ; fille de Zeus et de Dioné.

Apollon

Dieu de la Lumière, des arts et de la divination, fils de Zeus et de Léto. Le frère jumeau d'Artémis est aussi le maître de l'oracle de Delphes.

Arès

Dieu de la guerre effroyable, fils de Zeus et d'Héra. Il a une liaison avec Aphrodite, la déesse de l'amour et l'épouse du dieu forgeron, Héphaïstos.

Artémis

Déesse de la chasse et de la forêt, sœur jumelle d'Apollon. Ses parents sont Zeus et Léto. Ses principaux attributs sont l'arc d'argent et la flèche.

Athéna

Déesse de la sagesse, de l'art, de la science et de l'artisanat. À sa naissance, la fille de Zeus sort de la tête de son père avec tout son

Page 180 : Newell Convers Wyeth
Après sa visite chez Nestor à Pylos, Télémaque monte sur le char avant le coucher du soleil, 1929

équipement guerrier. Athéna a donné son nom à la ville d'Athènes, dont elle est la divinité protectrice. Son temple le plus connu est le Parthénon, sur l'Acropole d'Athènes. Sa représentation la plus célèbre est la statue en or et en ivoire d'Athéna Parthénos, œuvre de Phidias.

Calypso

Nymphe de la mer, vit sur l'île d'Ogygie. Calypso fait d'Ulysse son amant et le garde prisonnier pendant plusieurs années avant que Zeus ne décide le retour à Ithaque du héros, qui aspire à revoir sa famille.

Castor

Frère jumeau de Pollux, il participe lui aussi au voyage entrepris par les argonautes pour s'emparer de la Toison d'or.

Cheval de Troie

Grand cheval de bois à l'intérieur duquel se dissimulent les héros grecs. Après que les Troyens, ne se doutant de rien, ont tiré le cheval à l'intérieur de la ville et célèbrent leur victoire supposée, les Grecs sortent du cheval au cours de la nuit et détruisent définitivement Troie.

Circé

Fille du dieu du Soleil, Hélios, et de la fille d'Océan, Persée. Lorsque Ulysse, revenant de Troie, arrive sur son île, Ééa, Circé transforme quelques-uns de ses compagnons en cochons. Avec l'aide divine, Ulysse force la magicienne à les transformer de nouveau en hommes.

Crète

La plus grande des îles grecques. Le roi de Crète le plus célèbre est Minos, pour lequel Dédale construit le labyrinthe. C'est là que vit le Minotaure jusqu'à ce que Thésée le tue à l'aide d'Ariane, la fille du roi.

Hadès
Dieu des enfers, frère aîné de Zeus.

Hector
Fils aîné du roi Priam de Troie, chef de l'armée troyenne. Hector tue Patrocle, l'ami d'Achille, et celui-ci le tue à son tour en duel.

Hélène
Fille de Zeus et de Léda. Hélène passe pour la plus belle femme du monde. Elle épouse Ménélas, roi de Sparte et frère d'Agamemnon. Pâris l'enlève à Troie, ce qui déclenche une guerre ; celle-ci s'achèvera dix ans plus tard avec la destruction de la ville de Troie. Hélène revient auprès de son époux Ménélas.

Hélios
Dieu du soleil, il conduit au-dessus du ciel le char solaire tiré par quatre étalons.

Héphaïstos
Dieu du feu et de la forge. Héphaïstos, fils de Zeus et d'Héra, réalise entre autres pour Achille la cuirasse qu'il porte dans le combat contre Hector.

Héra
À la fois l'épouse et la sœur de Zeus.

Hermès
Messager des dieux, mais aussi dieu des voyageurs, des marchands et des voleurs. Hermès guide en outre les âmes des défunts vers l'enfer.

Homère
Considéré comme le tout premier poète de l'Occident, même si l'on ne connaît ni ses dates ni ses lieux de vie et de mort. On le désigne généralement comme l'auteur des deux plus anciennes épopées que l'on ait conservées en Occident. Les poèmes *Iliade* et

Odyssée, probablement écrits au VIIIe siècle avant J.-C, racontent des épisodes de la guerre de Troie et des errances d'Ulysse.

Iliade

Attribuée à Homère, la plus ancienne épopée de la poésie européenne est probablement née au VIIIe siècle avant J.-C. L'action de ces quelque 16 000 vers en hexamètres s'étend sur une période de 51 jours seulement sur les dix années que dura la guerre de Troie. Son thème central est la colère d'Achille contre Agamemnon et la mort d'Hector.

Ménélas

Roi de Sparte et époux de la belle Hélène. Lorsque Pâris abuse de son hospitalité et enlève Hélène à Troie, la guerre éclate entre Grecs et Troyens, à l'issue de laquelle Ménélas ramène Hélène chez lui. Le chef de l'armée grecque est Agamemnon, frère de Ménélas et roi de Mycène.

Odyssée

La seconde épopée attribuée au poète Homère est plus récente que *L'Iliade*. Ses plus de 12 000 vers en hexamètre racontent les errances et les aventures d'Ulysse.

Olympe

Siège lumineux des dieux grecs. Au plus tard depuis le Ve siècle avant J.-C., la montagne homonyme, la plus haute de Grèce avec ses 2918 mètres, près de la côte orientale de la Thessalie, est considérée comme la patrie de Zeus et d'autres dieux.

Pâris

Fils du roi Priam de Troie. C'est lui qui départage les déesses Héra, Athéna et Aphrodite en tranchant en faveur de la déesse de la Beauté. Aphrodite lui promet, en récompense, la plus belle femme du monde. C'est la raison pour laquelle Pâris enlève la belle Hélène, l'épouse du roi Ménélas de Sparte. Son enlèvement à Troie est le déclencheur de la guerre de Troie.

Patrocle

Ami et compagnon d'armes d'Achille devant Troie. Vêtu de la cuirasse d'Achille, il combat les Troyens, d'abord avec succès. Mais Hector le tue et lui prend sa cuirasse étincelante en guise de butin. De rage et de douleur, Achille tue Hector, vengeant ainsi la mort de son ami.

Pénélope

Femme d'Ulysse, considérée comme le modèle de l'épouse fidèle. Au cours des 20 années d'absence de son mari, Pénélope tient ses nombreux prétendants à distance par la ruse, en dénouant la nuit la toile qu'elle a tissée pendant la journée. Elle ne compte choisir un prétendant qu'une fois la toile achevée. Ulysse revient à temps.

Pollux

Frère jumeau de Castor ; il participe avec celui-ci au voyage des argonautes en Colchide.

Polyphème

Géant à un seul œil, fils de Poséidon et de la nymphe marine Thoôsa. Polyphème garde Ulysse et certains de ses compagnons dans sa caverne ; il dévore deux d'entre eux. Seule une ruse d'Ulysse leur permet de s'enfuir.

Poséidon

Dieu de la Mer et frère de Zeus. Son attribut le plus connu est le trident. Lorsqu'il se met en colère et plante cet instrument dans le sol, il peut déclencher des tremblements de terre et des raz-de-marée.

Priam

Dernier roi de Troie, père d'Hector et Pâris.

Styx

Fleuve marquant la frontière entre le monde des vivants et l'Hadès, le monde souterrain, l'enfer.

Télémaque
Fils d'Ulysse et de Pénélope.

Thétis
Fille du dieu de la Mer, Nérée, et mère d'Achille.

Troie
Ville située à l'entrée de l'Hellespont (Dardanelles) et centre du royaume du roi Priam. Est détruite à la fin de la guerre de Troie.

Ulysse
Roi d'Ithaque. Ulysse est l'un des héros les plus célèbres de la guerre de Troie. Son intelligence et sa ruse sont légendaires. C'est aussi lui qui donne l'idée de la construction du cheval de bois qui scellera finalement la chute de Troie. Ulysse ne revient auprès de son épouse Pénélope et de son fils Télémaque qu'après dix ans d'errance aventureuse.

Zeus
Le plus haut des dieux de l'Olympe et de tous les autres. Zeus est un fils des Titans Cronos et Rhéa.

Newell Convers Wyeth
Avec sa baguette magique, Circé transforme en cochons les compagnons de voyage d'Ulysse, 1929

Crédits des illustrations par sources

Nous remercions les musées, bibliothèques et institution suivantes pour leur aimable soutien à la publication de ce livre. Lorsque leur origine n'est pas spécifiée, les illustrations proviennent de collections privées.

© Alamy : p. 9.
The Andrew and Betsy Wyeth Collection. Courtesy de Brandywine River Museum of Art : p. 1.
© Bibliothèque centrale de Zurich : p. 25, 39, 45, 46.
© Bibliothèque Nationale de la République tchèque, Prague : p. 4, 96.
bpk/Hamburger Kunsthalle/Elke Walford : p. 12.
Brandywine River Museum of Art, Chadds Ford, Pennsylvania © Courtesy de Houghton Mifflin Harcourt : p. 123.
Bridgeman Images : p. 18, 51, 70, 190 ; photo © Christie's Images/Bridgeman Images : p. 89, 135 ; © Giancarlo Costa/Bridgeman Images : p. 49, 57, 61, 95, 119, 127 ; © Look and Learn/Bridgeman Images : p. 6, 32/33.
© The British Library Board, Londres : General Reference Collection 9026.i.18 : p. 157 ; General Reference Collection 012809.c.20/5,6. : p. 13 g.
© The Estate of Sir William Russell Flint : p. 80, 83, 84, 106, 113, 153.
© Clifford Harper : Couverture, dos de couverture, page de garde et dernière de garde, p. 3, 14/15, toutes les ouvertures de chapitre et symboles du glossaire.
Photo © 2021 Museum of Fine Arts, Boston, Museum purchase with funds by exchange from the Gift of Laurence K. and Lorna J. Marshall (2012.626) : p. 11.
Courtesy de National Gallery of Art, Washington, D. C. : p. 10.
Philadelphia Museum of Art : Gift of Glaxo-Smith Kline, 2012 (2012-133-1) : p. 161.
Courtesy de Princeton University Library, Department of Special Collections : p. 80, 83, 84, 106, 113, 153.
Sammlung historischer Kinder- und Jugendliteratur, Georg-August-Universität Göttingen : p. 26, 63, 77, 129, 167.
Courtesy de UNC University Libraries, Chapel Hill : Juvenile Historical Collection of the SILS Library : p. 2, 105, 109 ; Rare Book Collection, Wilson Special Collections Library : p. 13 d.
© Universitätsbibliothek der Humboldt-Universität zu Berlin, Historische Sammlungen : Gesch. 41942:F8 : p. 55.
© VG Bild-Kunst, Bonn, 2023 : p. 4, 96.

Crédits des illustrations par artistes

Brock, Charles Edmund 18, 51, 70, 190
Burian, Zdeněk 4, 96
Crane, Walter 157
Flaxman, John 49, 57, 61, 95, 119, 127
Flint, William Russell 80, 83, 84, 106, 113, 153
Ford, Henry Justice 26, 63, 77, 129, 167
Gontier, Clément 25, 39, 45, 46
Harper, Clifford 3, 14/15, couverture, dos de couverture, page de garde et dernière de garde, toutes les ouvertures de chapitre et symboles du glossaire
Matania, Fortunino 32/33
Scheiner, Artuš 6
Sterrett, Virginia Frances 2, 105, 109
Wilson, Patten 13 g.
Winter, Milo 13 d.
Wulff, Max 55
Wyeth, Newell Convers 1, 89, 101, 115, 123, 135, 139, 145, 148, 161, 171, 177, 180, 187, 188

Newell Convers Wyeth
Pénélope porte le deuil d'Ulysse absent, 1929

C.E.BROCK

Charles Edmund Brock
Dans sa grotte, Polyphème palpe le bélier, 1907

Notice éditoriale

Les textes reproduits ici sont empruntés à l'ouvrage *Sagen des klassischen Altertums* (Légendes de l'Antiquité classique) de Gustav Schwab (1792–1850), publié en 1888. Les mythes ont été en partie raccourcis.

Bibliographie choisie

Archäologisches Landesmuseum du Bade-Wurtemberg (éd.), *Troia. Traum und Wirklichkeit*, cat. d'exposition, Stuttgart, Brunswick, Bonn 2001/2002. Stuttgart, 2001

Brinkmann, Vinzenz (éd.), *Athen. Triumph der Bilder*, cat. d'exposition, Francfort-sur-le-Main, Liebighaus, 2016. Petersberg, 2016

Brinkmann, Vinzenz et Ulrike Koch-Brinkmann (éd.), *Bunte Götter. Die Farben der Antike. Golden Edition*, cat. d'exposition, Francfort-sur-le-Main, Liebighaus 2020. Munich, Londres et New York, 2020

Evers, Daniela, *Die schönsten Sagen des klassischen Altertums. Zur Bedeutung und Funktion der Bearbeitungen antiker mythologischer Erzählungen in der Kinder- und Jugendliteratur des 19. Jahrhunderts*. St. Ingbert, 2001

Taplin, Oliver, *Greek Fire*. Londres, 1989

L'auteur

Michael Siebler a fait des études d'archéologie classique et a écrit sa thèse sur le Mars Ultor romain. Il a participé à des fouilles, notamment à Olympie, et, après sa thèse de doctorat, a travaillé à l'Institut allemand d'archéologie de Damas. Puis, il a été collaborateur scientifique à l'Institut d'archéologie classique de l'université de Mayence et a longtemps travaillé comme rédacteur pour les pages culturelles de la *Frankfurter Allgemeine Zeitung*. Il vit de sa plume en tant qu'auteur libre. Il a publié chez TASCHEN *Art grec* et *Art romain* (2007).

L'illustrateur

Clifford Harper, né en 1949 à Londres, est l'un des illustrateurs britanniques les plus connus de notre temps, dont la maîtrise réside avant tout dans l'art de se limiter à l'essentiel. Il s'est fait connaître d'un plus large public dans les années 80 grâce à des travaux pour de grands journaux, et il a illustré *A Little History of the World* d'Ernst Gombrich en 2005. Ses vignettes sont bien plus que des illustrations de livres, car leur langage visuel clair et expressif conduit l'observateur au cœur du récit.

COLOPHON

Couverture, dos de couverture, pages de garde : Clifford Harper

Page 1
Newell Convers Wyeth
Maquette pour l'édition de l'Odyssée d'Homère, illustrée par Wyeth, montrant Zeus, roi des dieux, lançant des éclairs avec ses deux mains, 1929

Page 2
Virginia Frances Sterrett
Dans le palais de Circé, les voyageurs s'étonnent de l'admirable tissu destiné à un vêtement, 1921

Page 4
Zdeněk Burian
Zeus lance ses éclairs pour détruire le navire d'Ulysse et de ses compagnons, 1934

Traduction : Olivier Mannoni, Tours

UN LIVRE TASCHEN, UN ARBRE PLANTÉ !
TASCHEN affiche un bilan carbone neutre. Chaque année, nous compensons nos émissions de CO_2 avec l'Instituto Terra, un programme de reforestation de l'État du Minas Gerais, au Brésil, fondé par Lélia et Sebastião Salgado. Pour plus d'informations sur ce partenariat environnemental, rendez-vous sur : www.taschen.com/zerocarbon
Inspiration : illimitée.
Empreinte carbone : nulle.

Si vous souhaitez être informé des prochaines parutions TASCHEN, abonnez-vous à notre magazine gratuit sur www.taschen.com/magazine, suivez-nous sur Instagram et Facebook, ou contactez-nous par e-mail à l'adresse contact@taschen.com.

Hohenzollernring 53, D–50672 Köln
www.taschen.com

ISBN 978-3-8365-9250-5
Printed in Slovakia

ARBRE GÉN
DES DIEU